Índice

EL CATECISMO de Pedro

¿Quién dices que soy yo?

¿Por qué dudaste?

¿Me amas?

Hosffman Ospino

LIBROS LIGUORI™
One Liguori Drive ▼ Liguori, MO 63057-9999

Imprimi Potest:
Harry Grile, CSsR
Provincial de la Provincia de Denver
Los Redentoristas

Publicado por Libros Liguori
Liguori, MO 63057-9999

Para hacer pedidos llame al 800-325-9521.
www.librosliguori.org
www.liguori.org

Library of Congress Cataloging-in-Publication Data

Ospino, Hosffman.
[Peter's catechism. Spanish]
El catecismo de Pedro: ¿quien dices que soy yo? ¿por que dudas? ¿me amas? / Hosffman Ospino.
p. cm.
Includes bibliographical references (p. 119).
ISBN 978-0-7648-1995-7
1. Spiritual life—Catholic Church. 2. Jesus Christ—Person and offices. 3. Peter, the Apostle, Saint. I. Title.
BX2350.3.O57 2011
248—dc23

2011029205

Libros Liguori, una corporación sin fines de lucro, es un apostolado de los Redentoristas. Para más información, visite *Redemptorists.com.*

Impreso en Estados Unidos de América
15 14 13 / 5 4 3 2
Primera edición

Introducción

Ser cristiano consiste ante todo en vivir en una relación de amor profundo con Dios por medio de Jesucristo. Dios sale a nuestro encuentro y nos hace una propuesta: aceptarle y vivir auténticamente de acuerdo con los valores de su Reino. Cuán dinámica sea dicha relación dependerá en gran parte de nuestra disponibilidad para escuchar y aceptar la propuesta divina, lo cual requiere que permanezcamos abiertos a la acción del Espíritu Santo en nuestras vidas. Para los cristianos, la propuesta de Dios sólo tiene sentido dentro del contexto de una relación con Jesús, el Maestro. Es una propuesta que se hace realidad dentro de una relación de discipulado.

Cada año miles de adultos y jóvenes se acercan a nuestras comunidades de fe para ser recibidos en la comunión de la Iglesia. Otros se acercan para recibir los distintos sacramentos de la vida cristiana y fortalecer su compromiso de fe. Otros más llegan a nuestras comunidades de fe después de un período de alejamiento con el deseo de reencontrarse con Dios y vivir más de lleno su discipulado cristiano. Este libro fue escrito pensando en todos ellos. *El Catecismo de Pedro* es una invitación a reflexionar sobre lo que significa ser discípulos cristianos en el aquí y el ahora de nuestra vida diaria. El libro ofrece una perspectiva cristiana católica, pero los cristianos de otras tradiciones también lo encontrarán valioso. Al final de cuentas, todos somos llamados a ser discípulos del mismo Señor. El contexto primario desde el que se escribe es la realidad social y eclesial de los cristianos católicos en los Estados Unidos a comienzos del siglo XXI, aunque los lectores en otros contextos culturales y geográficos podrán hacer suyo el contenido sin problema alguno.

Al escribir estas páginas reflexionaba sobre la ambigüedad del contexto cultural moderno. Vivimos en espacios sociales en donde la mayoría decimos ser cristianos. Sin embargo, cada vez son más fuertes las voces dentro de estos mismos espacios sociales, y la ironía es que muchas de ellas son cristianas, que buscan convencernos de que el cristianismo no tiene relevancia en la vida pública. Es como decir que podemos ser cristianos sin ser cristianos. En Europa ya se habla de una era post-cristiana. Algunos sectores de nuestra sociedad dicen serlo también. Tal actitud comienza a entreverse también en países del continente latinoamericano, donde el catolicismo ha sido hasta ahora una fuerza clave en la formación de la conciencia social, cultural y religiosa de millones de personas. Lo mismo ocurre en ciertas partes de África y Asia. Es como si se nos quisiera dar a entender que la fe es incompatible con el crecimiento económico y el desarrollo intelectual y científico. Ésta no es la primera vez, ni será la última, en la que tengamos que afirmar que los cristianos tenemos algo importante con que contribuir al contexto en el que vivimos. No se trata de imponer nuestras convicciones de fe sobre aquellos que no las comparten; eso contradiría el respeto que debemos a la libertad religiosa de la cual los mismos cristianos nos beneficiamos. Se trata de tener la valentía de ser testigos de lo que creemos y permear con los principios del Evangelio las estructuras dentro de las cuales se desenvuelven nuestras vidas. Fe y vida no son realidades opuestas.

En el Nuevo Testamento encontramos a uno de los personajes que más ha cautivado la imaginación de los cristianos a través de la historia: el apóstol Pedro. Creo que él es alguien con quien podemos relacionarnos fácilmente cuando intentamos articular qué significa ser cristiano en medio de grandes desafíos y queremos vivir en relación íntima con el Señor. En Pedro descubrimos a alguien que está decidido a actuar auténticamente como discípulo a pesar de sus limitaciones. Pedro nos deja entrever que la relación de discipulado a la que nos llama Jesús tiene sus altibajos, pero al final sabemos que el Señor no nos abandona.

En los evangelios Jesús hizo varias preguntas a Pedro, las cuales se convirtieron en momentos decisivos para el apóstol. Estas preguntas constituyen una especie de catecismo que invita a contemplar la profundidad del misterio cristiano. Todo discípulo de Jesucristo en algún momento de su vida tiene que contemplar estas preguntas. Decidí escoger tres de ellas,

las cuáles dan el nombre a los capítulos de este libro: *Y ustedes, ¿quién dicen que soy yo?, ¿Por qué dudaste?* y *¿Me amas?* Al orar y reflexionar sobre cada una de estas preguntas, descubrí que es posible relacionarlas con las tres virtudes teologales: fe, esperanza y caridad, respectivamente. Por consiguiente, el libro que tiene en sus manos, es una reflexión sobre el discipulado cristiano a la luz de las tres virtudes teologales; una reflexión inspirada en el diálogo íntimo entre Jesús y el apóstol Pedro, a la cual nosotros también estamos invitados.

Cada uno de los capítulos del libro está dividido en las siguientes secciones: una breve introducción; un comentario sobre el pasaje bíblico en el que encontramos la pregunta que Jesús hace a Pedro; una introducción a la virtud teologal que corresponde al capítulo; una meditación sobre cómo la virtud teologal en cuestión forja nuestra identidad cristiana aquí y ahora; algunos testimonios de cómo algunos cristianos han vivido esta virtud; y una breve descripción de prácticas cristianas por medio de las cuales esta virtud se puede vivir en lo cotidiano. Cada sección termina con una serie de preguntas para el diálogo y la reflexión personal. Una de las ideas que emerge continuamente en el libro es que las virtudes teologales de la fe, la esperanza y la caridad están íntimamente interrelacionadas. Aunque las estudiamos por separado, en la práctica no podemos entender la una sin la otra. Esto se hace evidente en la selección de testimonios. Cualquiera de los testimonios escogidos para ilustrar una virtud perfectamente hubiera servido para ilustrar las otras dos. Al mismo tiempo, el lector podrá pensar en muchos otros testimonios de vida cristiana al contemplar estas virtudes.

Una vez que el lector haya concluido *El Catecismo de Pedro*, lo ideal es que siga estudiando y explorando los distintos recursos que conducen a una mejor apreciación de la tradición cristiana católica, especialmente las Sagradas Escrituras. El Catecismo de la Iglesia Católica es un gran recurso, al igual que los diversos documentos eclesiales, los muchos escritos de espiritualidad que son parte de nuestra tradición cristiana y las contribuciones de los teólogos que nos ayudan a entender mejor la fe. Este libro es un buen comienzo para organizar ideas, familiarizarse con algunos conceptos importantes de la fe cristiana católica y renovar el deseo de ser discípulos auténticos de Jesucristo.

Este libro busca en gran parte afirmar la dimensión comunitaria de la experiencia cristiana. Por ello, invito al lector a que una vez que termine *El Catecismo de Pedro* lo comparta con otra persona en su familia o en su comunidad de fe o adquiera copias para discutirlo en grupos. Que esta reflexión sea una oportunidad para considerar la propuesta que Dios nos hace por medio de Jesucristo a aceptarle y vivir auténticamente de acuerdo con los valores del Reino aquí y ahora.

HOSFFMAN OSPINO
2 DE ENERO DEL 2011
SOLEMNIDAD DE LA EPIFANÍA DEL SEÑOR

Capítulo 1

Y ustedes, ¿quién dicen que soy yo?

Ser cristiano consiste ante todo en vivir en una relación de amor profundo con Dios por medio de Jesucristo. Esto lo sabemos en gran parte por el testimonio de mujeres y hombres que en el transcurso de la historia han vivido como discípulos del Señor. Sus historias, sus preguntas y sus desafíos sirven de inspiración para quienes nos encontramos por primera vez con la persona de Jesucristo o quienes queremos renovar nuestra relación con él, aquello que el libro de la Revelación llama "el amor primero" (cf. Ap 2:4). Sabemos que muchas de estas personas vivieron en momentos históricos distintos al nuestro y respondieron con la certeza de su fe a retos particulares dentro de su propia realidad. De una manera misteriosa y fascinante, quienes nos acercamos a la idea de ser cristiano hoy en día nos sentimos en relación estrecha con ellos. Porque nuestra idea de fe coincide de muchas maneras con la idea de fe de quienes nos precedieron. Sabemos que somos parte de algo noble y duradero, que somos miembros de una comunión que trasciende los límites de la historia y que lo que nos une es nuestra fe en el Dios de la vida revelado en Jesucristo. Aprendemos de ellos cómo llegaron a ser parte de esta relación y cómo sus vidas fueron transformadas. Sus testimonios nos permiten descubrir que ser cristiano es un compromiso, que requiere renovación continua.

Pero la inspiración que nace de saber que otros viven o han vivido una relación especial con Dios por medio de Jesucristo es tan sólo un punto de partida. Sabemos también que ser cristiano es vivir en relación íntima con la persona de Jesucristo, gracias a nuestra experiencia personal. Es posible que quien lee este libro viva en contextos en donde escuchar sobre Jesús sea común. Seguramente la mayoría de las personas a su alrededor son cristianos que de una u otra forma le han invitado a considerar la idea del discipulado y usted quiere entender mejor lo que significa seguir al Señor. Como cristianos practicantes o como personas que estamos en el proceso de considerar el cristianismo como opción de vida, nos encontramos ante el desafío de conocer más sobre Jesús y entrar en relación con él. No es suficiente saber que otras personas son discípulos de Jesucristo. Nosotros necesitamos experimentarlo. Esto significa que estamos ante la posibilidad de entrar en relación con alguien que nos revela a Dios de una manera especial, cuya vida y mensaje nos interpelan hoy; alguien que nos invita a ser parte de una relación cuyas implicaciones afectarán todas las dimensiones de nuestro ser.

Todo ser humano en algún momento de su vida se encuentra ante el reto de responder a la invitación gratuita y amorosa a entrar en una relación íntima con Dios. Para nosotros como cristianos, esta invitación se centra en la persona de Jesucristo: él nos invita (cf. Mc 4:14; Mt 19:21; Jn 1:43) y a él aceptamos (cf. Jn 14:6-7). Porque Jesucristo es el mediador de Dios por excelencia, Dios hecho carne y fuente de salvación para toda la humanidad, la relación a la cual somos invitados es profundamente transformadora. Sin embargo, es importante reconocer que como seres humanos respondemos a la invitación a entrar en relación con Dios de distintas maneras, a la luz de la complejidad de nuestra experiencia, en distintos lugares y en distintos momentos. La gran mayoría de personas en el mundo no se identifican con la experiencia cristiana. De hecho, los cristianos, con toda nuestra diversidad, constituimos tan sólo la tercera parte de toda la humanidad actual, lo cual nos recuerda que anunciar el Evangelio a todas las naciones sigue siendo una tarea urgente y que hay mucho por hacer para que más personas deseen considerar entrar en relación con Dios por medio de Jesucristo. Millones de mujeres y hombres a nuestro alrededor se relacionan con Dios como miembros de otras tradiciones religiosas que ofrecen caminos de perfección y santidad. Su respuesta a la invitación a entrar en relación con Dios varía de un contexto a otro. Nosotros, como cristianos, afirmando las convicciones de nuestra propia fe, respetamos dichas experiencias manteniéndonos atentos a los elementos de verdad que existen en ellas.[1]

En medio de las muchas maneras en que el ser humano responde a la invitación fundamental que Dios nos hace, descubrimos que muchos la hemos aceptado; otros todavía no la han considerado seriamente; algunos parecen haberla rechazado. Cualquiera que sea la posición que una persona tome en relación con esta invitación, no hay duda alguna de que ésta es una de las decisiones más importantes que definen nuestra existencia.

La manera como los cristianos llegamos a contemplar la posibilidad de entrar en relación con Dios, en la persona de Jesucristo, también varía a partir de las circunstancias que constituyen nuestra experiencia diaria. Algunas personas descubren la riqueza de la Palabra de Dios por medio del estudio y meditación de las Sagradas Escrituras; otras se encuentran en un camino de discernimiento para participar más de lleno en la vida sacramental de la Iglesia. Algunos son atraídos por la belleza y la profundad de los ritos cristianos y la vida de oración de la Iglesia. Muchos son transformados por situaciones de sufrimiento que los interpelan como la pobreza, la injusticia, la muerte o la enfermedad; otros se sienten atraídos por el ejemplo transformador de algunos cristianos comprometidos con la verdad y la justicia. Otras personas llegan a dicho encuentro como parte de la búsqueda de respuestas a los interrogantes y los retos de su momento histórico. En todas estas circunstancias podemos identificar una dinámica doble: buscamos algo y encontramos algo. En el caso de la experiencia cristiana, encontramos a *alguien*.

El encuentro con Jesucristo en nuestra experiencia diaria puede entenderse como la respuesta por excelencia del ser humano a la invitación a entrar en relación con Dios. Y hablar de respuesta es hablar de fe.[2] Ser cristiano es responder a la Revelación de Dios siguiendo a Jesucristo en la fe.

Preguntas para la reflexión

- ***¿Qué significa para usted vivir en relación con Dios?***
- ***¿Qué le motiva a querer aprender más sobre Jesús?***
- ***¿Por qué está leyendo este libro?***

La Fe de Pedro

> *Jesús se fue a la región de Cesarea de Filipo. Estando allí, preguntó a sus discípulos: "Según el parecer de la gente, ¿quién es este Hijo del Hombre?" Respondieron: "Unos dicen que eres Juan el Bautista, otros que eres Elías o Jeremías, o alguno de los profetas". Jesús les preguntó: "Y ustedes, ¿quién dicen que soy yo?" Pedro contestó: "Tú eres el Mesías, el Hijo del Dios vivo." Jesús le replicó: "Feliz eres, Simón Barjona, porque esto no te lo ha revelado la carne ni la sangre, sino mi Padre que está en los Cielos. Y ahora yo te digo: Tú eres Pedro (o sea Piedra), y sobre esta piedra edificaré mi Iglesia; los poderes de la muerte jamás la podrán vencer. Yo te daré las llaves del Reino de los Cielos: lo que ates en la tierra quedará atado en el Cielo, y lo que desates en la tierra quedará desatado en el Cielo" (Mt 16:13-19).*

La pregunta que Jesús hizo a sus discípulos, "y ustedes, ¿quién dicen que soy yo?" es quizás la pregunta más importante que un cristiano debe considerar cuando verdaderamente reflexiona sobre lo que significa estar en relación con el Señor. Bibliotecas enteras se han escrito durante casi dos mil años intentando responder a esta pregunta. Muchas otras se escribirán, pues nuestras respuestas varían de acuerdo con las circunstancias históricas, sociales y culturales en las que nos encontramos inmersos. La manera como respondamos a este interrogante seguramente tendrá algunos elementos en común con la experiencia de los Apóstoles en el primer siglo en Palestina, o la de san Agustín en África o san Patricio en Irlanda en el siglo V, o la de santa Catalina de Siena en el siglo XIV en Italia o la de santa Rosa de Lima en los siglos XVI y XVII en Perú. Sin embargo, nuestra realidad hoy en día es única y también lo será nuestra respuesta.

Al fondo de esta pregunta se encuentra lo que constituye la esencia de la identidad cristiana: fe en la persona de Jesucristo.

En el pasaje de Mateo encontramos a Pedro, uno de los Doce, respondiendo de una manera sencilla aunque revolucionaria: "*tú eres el Mesías, el Hijo del Dios vivo*". Sí, la respuesta de Pedro es revolucionaria y, para poder entender el impacto de sus palabras, es importante que tengamos en cuenta lo que significaba para él y el resto de los discípulos del Señor, todos judíos, decir esto en el contexto social y religioso del siglo primero.

Primero, Pedro afirmó que Jesús es el Mesías. Para el pueblo de Israel en el Antiguo Testamento, la esperanza de un mesías era uno de los ejes centrales de su religiosidad e identidad. Con frecuencia se discutían las características de este mesías: ¿un líder político?, ¿un líder religioso?, ¿un líder militar?, ¿un líder con todas las características anteriores? Cualquiera que fuera la manera de entender al mesías, la verdad era que habían muchas expectativas. A medida que el pueblo de Israel se enfrentaba a nuevos retos y reflexionaba sobre la manera en que Dios se hacía presente en sus vidas, la idea del mesías iba evolucionando. El cristianismo se valdría de muchas de estas reflexiones. De hecho, los primeros cristianos leyeron los cánticos del profeta Isaías sobre el siervo sufriente (Is 42:1-4; 49:1-6; 50:4-9; 52:13-53:12) como una descripción del Mesías que ya había venido: un líder que sufrió y fue condenado a muerte. En medio de todas estas expectativas, la presencia de Jesús seguramente causó confusión entre sus contemporáneos. Muchas de sus acciones y enseñanzas eran de carácter religioso, otras parecían ser de carácter político y aun otras parecían indicar que su mesianismo era tan novedoso que había necesidad de hacer un mayor esfuerzo para comprenderlo. Con toda seguridad algunas personas vieron en Jesús lo que esperaban; otros simplemente lo ignoraron ante la falta de claridad en relación con su presencia. Les tomaría a los cristianos un buen tiempo, especialmente después de la resurrección, entender el tipo de mesianismo de Jesús. Nosotros somos parte de ese grupo y con ellos seguimos examinando las implicaciones de afirmar con Pedro: "*tú eres el Mesías*".

Segundo, Pedro afirmó que Jesús era Dios. Una de las características más importantes de la tradición judía, al igual que del cristianismo, es la convicción de que hay un solo Dios (Dt 5:6-7; Jn 17:3). A esta convicción le llamamos monoteísmo. La confesión de Pedro introdujo un elemento que exigiría reconocer la posibilidad de que habiendo un solo Dios, Jesús también fuera Dios. ¿Cómo podía ser esto? ¿Era Jesús el mismo Dios infinito, el creador de todo? ¿Cómo podía este Dios hacerse uno de nosotros? Si Jesús era Dios, ¿qué tan humano era Jesús entonces? ¿Tenía sentido todo esto? No cabe duda que afirmar la divinidad de Jesús era algo profundamente revolucionario dentro de un contexto monoteísta. Esto llevaría a los discípulos a reconocer que en Jesucristo el único Dios se estaba dando a conocer a la humanidad de una manera nueva. Desde entonces los cristianos seguimos tratando de entender esta convicción. En el siglo V una reunión de teólogos y obispos conocida como el Concilio de Calcedonia definió formalmente, esto es, como dogma de fe, que Jesucristo es verdadero Dios y verdadero hombre. A primera vista dicha definición no parece aclarar mucho, por lo cual el teólogo católico Karl Rahner intuitivamente indicó que esta afirmación más que el final de la conversación era el comienzo de un largo camino de reflexión en el que todavía nos encontramos. Esto es precisamente lo que hace del cristianismo una experiencia fascinante. Aunque contamos con convicciones profundas sobre las cuales se sostiene nuestra fe, esas mismas convicciones exigen reflexión y estudio. Al afirmar la divinidad de Jesús, Pedro nos lleva a reflexionar sobre el misterio de la Trinidad, "el misterio central de la fe y de la vida cristiana… la fuente de todos los otros misterios de la fe".[3]

La confesión de Pedro es un don de Dios. La pregunta obvia que se puede hacer quien lee el pasaje del Evangelio de Mateo con sentido crítico es, ¿cómo pudo este hombre poco educado en las artes de interpretación rabínica, un pescador de profesión, con una personalidad un tanto impulsiva según nos cuentan varios de los textos del Nuevo Testamento, llegar a tan profunda convicción? La experiencia de Pedro en este pasaje es en cierta manera una invitación a la humildad. El misterio ante el cual se encontraba el apóstol iba más allá de lo que el entendimiento humano puede comprender con sus propias fuerzas. Aun para el más letrado de los maestros judíos en el tiempo de Pedro o el más docto de los primeros cristianos, afirmar que Jesús era el Mesías, el Hijo del Dios vivo, requería de mucho más que un simple esfuerzo intelectual. Llegar a entender dicha confesión exigiría más que unas horas de estudio o de diálogo con algún maestro. Para los apóstoles del Señor y el resto de los primeros cristianos fue la experiencia del misterio pascual la que les permitió comprender más plenamente el contenido de la confesión de Pedro.

Afirmar que Jesús es el Mesías, el Hijo del Dios vivo es un acto de fe que sólo es posible como un don. Jesús dejó saber a Pedro el valor de lo que acababa de decir: "*Feliz eres, Simón Barjona, porque esto no te lo ha revelado la carne ni la sangre, sino mi Padre que está en los Cielos*". San Pablo corrobora esto afirmando que "*nadie puede decir: '¡Jesús es el Señor!,' sino con el Espíritu Santo*" (1 Cor 12:3). Decir que la profesión de fe del cristiano en la divinidad de Jesús es un don de fe, no requiere negar la necesidad de nuestro intelecto. Por el contrario, el intelecto juega un papel muy importante en la preparación para recibir el don y, como señalaría el Cardenal John Henry Newman, en la afirmación de ese don.

La fe de Pedro es la fe de la Iglesia. La confesión de fe que Pedro hizo movido por el Espíritu Santo tiene implicaciones muy importantes para todos los discípulos del Señor. Jesús dijo a Pedro, "*tú eres Pedro (o sea Piedra), y sobre esta piedra edificaré mi Iglesia*". Los cristianos de todos los tiempos nos hemos esforzado por entender el impacto de estas palabras. De la manera como las entendamos hoy dependerá no sólo nuestro aprecio por el apóstol, sino también nuestra idea de lo que significa ser Iglesia. Con frecuencia los católicos vemos en el texto la afirmación del primado de Pedro entre los apóstoles y el de su sucesor a través de la historia, el Papa. Es interesante que en griego, el idioma en el que el Nuevo Testamento fue escrito, el nombre de Pedro (*Petrus*) y la palabra piedra (*petra*) son muy parecidos. Quizás fue la manera de Mateo de ayudar a sus lectores a recordar la importancia de lo que ocurrió en esa conversación.

Pero más allá de los elementos gramaticales, la pregunta que nos podemos formular es, ¿por qué Pedro y no Juan (era más joven)? O, ¿por qué Pedro y no Mateo (el cual parece haber sido más educado)? Por supuesto, éstas son preguntas que nos hacemos a la distancia de los hechos, pero son importantes para nuestra reflexión. Una lectura cercana del texto nos lleva a concluir que no se trataba tanto de la persona de Pedro ni de sus virtudes. En otras palabras, Pedro no es la piedra por su personalidad o por sus propios méritos o porque Jesús lo prefería por encima de los demás. Pedro es la piedra por la fe que acababa de proclamar: Jesús es el Mesías, el Hijo del Dios vivo. Y quien proclame lo mismo, movido por el Espíritu Santo, es parte de la comunidad de discípulos del Señor que es la Iglesia. Pudiéramos decir entonces que la roca sobre la cual la Iglesia está sostenida es la convicción de que Jesús es el Mesías, el Hijo del Dios vivo. Pedro la proclama con toda su fuerza y los cristianos a través de la historia caminamos con Pedro, como Iglesia, en la vivencia y celebración de dicha verdad.

Preguntas para la reflexión

- ***La gente alrededor de usted, ¿quién dice que es Jesús?***
- ***¿Quién es Jesús para usted?***
- ***¿Qué significa para usted que Jesús es verdadero Dios y verdadero hombre?***

El don de la fe

La cantidad de escritos sobre el cristianismo, su doctrina, su teología, su historia y su impacto en la vida de las culturas es espectacular. Estos textos nos ayudan a comprender mejor la experiencia de ser cristianos y sería ideal que todo creyente se interesara por estudiar varios de ellos en algún momento de su vida, especialmente las Sagradas Escrituras. Dichos escritos parten de una doble convicción. Por un lado, el Dios del amor y de la vida, quien ha creado todo lo que existe, quien nos ha hecho para sí, se revela a la humanidad y le llama a compartir su vida íntima. Por otro, el ser humano, creado por Dios mismo con el deseo infinito de alcanzar la felicidad eterna, está llamado por Dios a responder libremente a la oferta de vida divina y a entrar en una relación que le llevará a la perfección para la cual ha sido creado. Tradicionalmente la acción libre y gratuita de Dios se conoce como *Revelación*; la respuesta del ser humano como *fe*.

Al hablar de la fe, lo primero que podemos decir es que se trata de una respuesta a la Revelación de Dios en el contexto de nuestra propia historia. Una respuesta a la invitación a entrar en relación con Dios aquí y ahora. Dicha invitación es de carácter personal, aunque no "individualista". La invitación es personal en cuanto que Dios y nosotros tenemos algo en común: somos seres personales. Somos "*imagen y semejanza*" de Dios (Gn 1:27). Somos personas en cuanto que tenemos inteligencia, voluntad y libertad; personas en cuanto que somos capaces de entrar en relación con otros seres personales; personas en cuanto que estamos llamados a realizarnos; personas en cuanto que podemos transcender nuestra realidad inmediata, sin tener que negarla o despreciarla, y aspirar a la perfección.

La fe es una respuesta por parte del ser humano a la invitación de Dios a entrar en una relación personal. Aunque esa respuesta no es el resultado de un esfuerzo exclusivamente humano, tampoco es una respuesta que ignora las capacidades más fundamentales de las personas, como si fuésemos marionetas en el teatro de ciertos seres divinos a quienes no vemos, tal como lo pensaban algunas culturas de la antigüedad. La fe es un don de Dios y, como tal, es Dios quien hace posible que le podamos reconocer en nuestra historia y en cada momento de nuestras vidas. Para ello Dios nos comparte su Espíritu, su propia presencia, para que podamos conocerle y amarle con amor divino. Esa presencia de Dios en nuestras vidas en ningún momento suspende o niega nuestra condición humana. Por el contrario, tanto nuestra inteligencia como nuestra voluntad, esto es, nuestra libertad son afirmadas. Digámoslo una vez más: Dios no niega nuestra humanidad. La presencia del Espíritu de Dios nos abre el horizonte de posibilidades que tenemos como personas creadas por Dios y nos ayuda a orientarnos para entrar en la relación que nos permite realizarnos como lo que Dios nos llama a ser desde un principio: sus hijos e hijas.

La relación con Dios desde la perspectiva de la fe tiene un contenido específico. En otras palabras, al entrar en relación con Dios aprendemos algo de Dios. El Concilio Vaticano II en su Constitución Dogmática *Dei Verbum*, Sobre la Divina Revelación, nos recuerda que Dios se da a conocer a sí mismo y su mensaje.4 Esta doble dimensión de la Revelación divina es importante para poder entender nuestra fe. Podemos afirmar que creemos en Dios porque lo conocemos personalmente y, de manera más especial, porque conocemos a Jesucristo, "*imagen del Dios invisible*" (Col 1:15). Al mismo tiempo, podemos afirmar que creemos en Dios porque hemos recibido un mensaje específico, presente en su Palabra y mediado de manera especial por la Buena Nueva de Jesucristo. Creemos en Dios y creemos en el mensaje de Dios.

En la experiencia de la Revelación aprendemos algo sobre Dios, sobre su mensaje y sobre nosotros mismos. Sí, por medio de la fe descubrimos la manera como estamos llamados a vivir con Dios y con los demás en la vida diaria. Las enseñanzas de las Sagradas Escrituras, la riqueza de la Tradición de la Iglesia y las muchas maneras en que expresamos la fe son guías para una vida más auténtica y más completa. También la fe expande los horizontes de lo que significa ser humano. Por medio de la fe aprendemos sobre nuestro origen y sobre nuestra meta. Dios nos revela que nuestro origen es divino porque venimos de Dios. Dios nos hizo a imagen y semejanza suya porque nos ama, sin compromiso alguno y sin esperar nada a cambio. También Dios nos revela que nuestra meta tiene un carácter divino. Dios nos ha hecho para sí, para que compartamos su vida aquí y en la eternidad. Por medio de la fe descubrimos que aunque nuestra vida terrenal tiene un final, la muerte no es el final definitivo de nuestra existencia. Como cristianos podemos apreciar en profundidad la dimensión de infinito que Dios nos ha concedido desde el principio y que busca su realización a medida que trasegamos por la historia.

Como cristianos reconocemos la presencia de Dios en nuestras vidas por medio del Espíritu Santo, quien nos permite decir que Jesús es el Señor. La presencia del Espíritu Santo transforma nuestras palabras y nuestras acciones. Como mujeres y hombres de fe, tenemos la fortaleza y la valentía de proclamar con convicción que Jesús es el Señor (1 Cor 12:3), que Dios es el Dios de la vida (Dt 30:15-16; Lc 24:5; Jn 3:36), y que el Reino de Dios es un Reino de justicia al cual toda la humanidad está llamada a participar sin excepciones (Mt 6:33; Rm 14:17). Como mujeres y hombres de fe, actuamos motivados por nuestra relación con el Señor dando testimonio de lo que creemos. Nuestras acciones revelan las convicciones que nos permiten ser reconocidos como discípulos del Señor (Jn 13:35). Aunque en ocasiones nuestras limitaciones humanas y la posibilidad del pecado en nuestras vidas no nos dejan mantenernos fieles a los compromisos de la fe que proclamamos, esa misma fe nos recuerda que Dios sale a nuestro encuentro como un Dios que nos sostiene, nos reconcilia y nos renueva.

Por esta razón la tradición cristiana se refiere a la fe como una virtud. Una virtud teologal. La fe no es sólo una actitud o una disposición sino una realidad activa en nuestras vidas de discípulos que se expresa en la práctica del diario vivir. Como don de Dios, la fe es Dios mismo actuando en nosotros y nosotros actuando en Dios. Una virtud es un hábito bueno, una acción constante que nos conduce a una vida más humana y más madura. La fe es una virtud teologal, es decir que viene de Dios (Ef 2:8), la cual hace posible que experimentemos la vida íntima de Dios en nuestra vida presente, que vivamos de acuerdo con su voluntad y que vivamos en relación continua con Dios mismo.

Preguntas para la reflexión

- ***¿Cómo definiría el don de la fe? (use sus propias palabras)***
- ***¿Qué puede hacer para seguir creciendo en la virtud de la fe?***
- ***¿De qué manera su fe informa su vida diaria?***

FE E IDENTIDAD CRISTIANA

Los cristianos caminamos hoy en día por diversas sendas que podríamos llamar "caminos de discipulado". En algunas ocasiones estos caminos coinciden y en otras parecen llevarnos en distintas direcciones. Cada camino nos invita a pensar en la seriedad de lo que significa ser un discípulo cristiano. Un primer camino es aquel en el que marchan muchas personas que dicen tener fe, pero que no pueden describirla en detalle, pues no la practican y carecen del lenguaje y los conceptos necesarios para explicarla. La suya es una actitud de reconocimiento de que hay algo más allá de lo que ven a diario, pero en el momento de hablar de ello no saben exactamente cómo hacerlo. Un segundo camino es el transitado por aquellas personas que tienen la certeza de que Dios es parte importante de sus vidas pero, al intentar ser parte de una comunidad de fe tradicional y hacer suyas las convicciones religiosas que sostienen esa comunidad, no encuentran su lugar en ella. Esto es muy común entre los jóvenes y los jóvenes adultos. Estas personas frecuentan varios grupos buscando uno con el que realmente se puedan identificar. Algunos de ellos terminan creando sus propios sistemas de fe. Otros simplemente se desaniman y terminan adoptando una actitud de indiferencia frente a la religión. Un tercer camino es aquel en el que encontramos a quienes reducen la fe a un simple esfuerzo humano por medio del cual se logra cierta satisfacción, pero que poco o nada tiene que ver con una relación con el Dios de la Revelación. Finalmente, está el camino en el que transitan aquellas personas que intencionalmente permanecen abiertas a la acción del Espíritu Santo y buscan entender mejor lo que significa estar en relación con Dios por medio de Jesucristo; aunque reconociendo que esto es un proceso que dura toda la vida, que tiene sus altibajos y que con frecuencia está lleno de sorpresas.

Todos estos caminos ofrecen algo a la persona que busca a Dios y, para hablar de fe cristiana en el mundo de hoy, necesitamos afirmar los elementos positivos de cada camino. Llegamos a apreciar mejor la experiencia cristiana cuando permitimos que el Espíritu Santo obre en nuestras vidas y cuando nos abrimos sinceramente a la presencia misteriosa e impredecible de Dios en la historia; cuando buscamos aprender de otras tradiciones religiosas y de otras personas que buscan a Dios y cuando profundizamos en el conocimiento de lo que significa ser humano.

Al preguntamos qué significa exactamente ser cristianos estamos entrando en un espacio muy importante de nuestra experiencia humana: nuestra identidad. El primer paso para hablar de identidad es reconocer el contexto y los términos en los que normalmente nuestra sociedad entiende este concepto. Las culturas occidentales con frecuencia hablan de la persona como ser individual y libre. Ser persona es optar, buscar satisfacción, aspirar a realizarse y afirmarse en medio de otras personas. De una u otra manera todos aspiramos a esto y esperamos que las estructuras sociales (por ejemplo, gobierno, iglesia, instituciones educativas) provean espacios para que alcancemos estas metas. Todo ello está bien, siempre y cuando no convirtamos la formación de la identidad personal en una radicalización de la persona como individuo autónomo. Y parece que esto es muy común en nuestros contextos. Para muchos, hablar de identidad personal es hablar de una individualidad aislada y en algunos casos egoísta. Es importante saber que el desarrollo de la identidad personal no se da de forma aislada ni a expensas de nuestras relaciones con los demás. Somos seres sociales que estamos constantemente en relación con otras personas de las que aprendemos y con las que compartimos nuestras vidas. La autonomía personal no puede ser una excusa para ignorar a quien está a mi lado o prescindir de su ayuda. En lugar de entender la formación de la identidad como "yo en busca de mi propio yo," es más apropiado hablar de "yo en relación con otros". Estamos constantemente en relación con otras personas y por medio de estas relaciones somos formados y transformados. Al relacionarnos con los demás, descubrimos nuestra propia identidad personal. Un diálogo balanceado sobre el desarrollo de la identidad tiene que afirmar tanto la dimensión individual como la dimensión social de la persona.

Volvamos entonces a la idea de la identidad cristiana. Si el punto de partida desde el cual definimos esta identidad es el individuo autónomo, entonces ser cristiano consiste en entrar en una relación con Dios bajo los términos del individuo con la posibilidad de abandonar tal relación cuando se crea necesario. Como es una relación de carácter individualista, la mediación de una comunidad no es realmente importante. A primera vista esto parece atractivo pues no se necesitaría de la Iglesia ni de normas particulares ni de líderes indicando cómo vivir la fe. Pero dicho atractivo no es más que una fantasía. Llegará un momento en que dicha autosuficiencia no bastará porque simplemente es… insuficiente. ¿Con quién compartiremos la alegría de nuestra fe? ¿Con quién la celebraremos? ¿A quién preguntaremos cuando tengamos alguna duda? ¿Cómo sé que lo que yo llamo Dios en esta transacción o relación no es más que una proyección de mi propia persona o mis ideas de Dios? Ahora bien, si el contexto en el cual definimos esta identidad es uno de comunidad, en el cual nuestra relación con Dios es tan importante como nuestra relación con los demás, la perspectiva es mucho más amplia. Como miembros de la Iglesia, comunidad de fe convocada por Dios,[5] compartimos una fe común, nos nutrimos con la Palabra de Dios, celebramos nuestra fe por medio de la liturgia, somos guiados por el Espíritu Santo y vivimos nuestras convicciones en la vida diaria con otros. No estamos solos; somos parte de la familia de los hijos e hijas de Dios. Ser cristiano es vivir en relación con Dios y con todas aquellas personas a quienes Dios llama para participar del misterio de salvación en Jesucristo. Aún más, ser cristiano exige entrar en relación con quienes no conocen el mensaje de Jesucristo. Ser cristiano incluso exige vivir en relación con quienes rechazan a Dios pues estas personas son parte de nuestra historia común. La identidad del cristiano es esencialmente comunitaria y eclesial.

Hablar de identidad cristiana es relativamente fácil cuando las personas que están a nuestro alrededor son cristianas, entienden el lenguaje con el que expresamos nuestras convicciones y afirman las decisiones que hacen vida nuestra fe en lo cotidiano. Pero muchas veces nos encontramos en compañía de personas que no entienden propiamente lo que significa ser cristiano y cuestionan el simple hecho de que alguien se identifique como tal. En las sociedades occidentales con frecuencia hablamos de la separación Iglesia - Estado, lo cual muchos interpretan equivocadamente como separación entre fe y vida. No es raro escuchar que la fe pertenece al ámbito de lo privado y nada tiene que ver con nuestra vida pública. Si hay un momento en el que es sumamente importante tener claridad sobre lo que significa ser cristiano, tal momento es cuando la validez de nuestra identidad religiosa y su relevancia pública son cuestionadas. Veamos tres instancias en las que esto ocurre.

Secularismo. En el año 2008, un estudio sobre afiliación religiosa en los Estados Unidos reveló que, en menos de dos décadas, el número de personas que dijeron no creer en Dios pasó del 8.2 por ciento al 15 por ciento. Esto seguramente es motivo de preocupación para los líderes religiosos de esta nación. No es seguro si este número refleja un incremento real en la población de personas que no creen en Dios o simplemente señala que vivimos en un ambiente en el que las personas se sienten con más libertad para identificarse como ateos o agnósticos. De hecho, en algunos círculos esta actitud es presentada como un ideal. En Europa con frecuencia se habla de la era post-cristiana; algunos hablan incluso de una era post-religiosa.

Como cristianos católicos respetamos la decisión a la que cualquier persona llegue en el recinto sagrado de su conciencia en relación con Dios. Ésta es quizás una de las convicciones más importantes que la Iglesia ha defendido en las últimas décadas.6 Sin embargo, como cristianos nos debe preocupar lo que hoy en día se conoce como secularismo. Esta corriente de pensamiento puede ser definida como un esfuerzo sistemático por marginar y, en algunos casos, eliminar la religión y cualquier referencia a Dios en la vida pública. Más preocupante es el tipo de secularismo militante que ataca constantemente a la religión en los medios de comunicación, la literatura e incluso en el ámbito político.

Relativismo. Nuestra generación es privilegiada por tener acceso a una gran variedad de recursos que nos ayudan a mantenernos informados sobre lo que ocurre a nuestro alrededor. Gracias a los medios de comunicación, la disponibilidad de una variedad casi ilimitada de fuentes de conocimiento y la facilidad de movilizarnos de un lugar a otro en fracciones de tiempo, estamos expuestos a muchas perspectivas en relación con cualquier tema. Esta diversidad es ciertamente una oportunidad para enriquecernos y ampliar nuestros horizontes. Sin embargo, dicha diversidad también exige tener claridad sobre las convicciones que constituyen nuestra identidad, más especialmente cuando se trata de nuestra fe cristiana. La pluralidad de voces a nuestro alrededor, al igual que la diferencia de opiniones sobre todos los temas puede llevarnos a pensar que todas las posiciones en relación con algún asunto son igualmente válidas. Al mismo tiempo, algunas personas argumentan que lo que es verdad en un contexto deja de serlo en otro o que dos o tres afirmaciones contradictorias pueden ser verdaderas en el mismo sentido y al mismo tiempo. Aunque puede haber contextos en los que esto sería posible (por ejemplo, la ciencia o la filosofía), es problemático cuando tales principios se aplican al valor universal de las verdades morales y religiosas. Esto es el relativismo moral y religioso. Si todo es relativo, incluyendo verdades como la llamada universal a la salvación o el derecho a la vida o a la libertad humana, entonces se nos hace casi imposible conocer y hablar de valores morales y religiosos que sean irrefutablemente verdaderos y buenos para todos en todo momento.

Fundamentalismo religioso. Toda cultura está impregnada profundamente por símbolos religiosos que dan sentido a quienes viven en ellas. Incluso aquellas culturas que dicen haber hecho una transición a un estado de post-religiosidad, cuentan con grupos que practican su fe con gran convicción. De hecho, muchas de las expresiones que identifican estas culturas tienen un carácter religioso profundo, aun cuando no se definen como tales. La verdad es que la religión es parte íntima de nuestra identidad como seres humanos. Ser religioso es estar en relación con Dios y dicha relación marca profundamente las distintas dimensiones de nuestra experiencia diaria: familia, trabajo, relaciones con otras personas, decisiones políticas y moralidad, entre otras. A pesar de que existen grandes esfuerzos por separar artificialmente la fe de la vida diaria, la mayoría de los creyentes integramos nuestra fe en lo que hacemos. Sin embargo, algunas personas, y en ocasiones ciertas comunidades, radicalizan sus convicciones de fe a un punto en que consideran su interpretación particular de la experiencia religiosa como la única correcta y posible. Para muchas de estas personas la fe se convierte más bien en una ideología por medio de la cual justifican acciones de exclusión social, irresponsabilidad cívica e incluso violencia. Ante este panorama, la voz de personas y comunidades más moderadas que hablan desde la perspectiva de la fe pierde credibilidad en el ámbito público. El fundamentalismo religioso tiene como consecuencia inmediata la marginalización de los grupos religiosos cuyas contribuciones son importantes para la construcción de una sociedad dinámica, multifacética y mucho más integrada.

El secularismo, el relativismo y el fundamentalismo religioso son obstáculos serios para afirmar la identidad cristiana en nuestra sociedad. El reto para el cristiano contemporáneo es reconocer que estas condiciones existen y exigen una respuesta. No podemos cerrar los ojos y recluirnos en el interior de nuestras iglesias o de nuestros hogares o vivir como si no existieran. Tampoco podemos ignorar los elementos dentro de estas condiciones que nos pueden ayudar a articular mejor nuestra fe y a afirmar nuestra identidad cristiana. En algunas circunstancias éstas pueden incluso ayudarnos a clarificar prácticas y convicciones.

Conscientes del reto de ser embajadores auténticos de la fe cristiana en nuestra situación actual, volvamos al apóstol Pedro y al testimonio de los evangelios.

La fe que Pedro proclama es un don de Dios al igual que la fe que proclamamos hoy en día. Dicha convicción exige que, en medio de nuestras circunstancias actuales, hagamos un alto en el camino para evaluar nuestra relación con Dios y nuestra apertura a la acción del Espíritu Santo. El secularismo y el relativismo pueden ser interpretados como una afirmación exagerada de las capacidades humanas al punto de considerar que la presencia de Dios tiene poco o nada que ver con nosotros. El fundamentalismo religioso puede ser visto como la presunción de que conocemos por completo la mente de Dios y la nuestra es la única interpretación posible de la Revelación divina. La glorificación de nuestro intelecto y de nuestras habilidades humanas no puede llevar fácilmente a creer que Dios no tiene lugar en nuestras vidas; que como seres finitos no podemos conocer verdades sobre Dios y sobre nosotros mismos que son irrefutablemente válidas para todos en todo momento; que lo poco que sabemos de Dios es la última palabra. La experiencia de Pedro es una invitación a reconocer humildemente que Dios se puede manifestar en nuestras vidas, aquí y ahora, en los términos que él prefiera. La experiencia de Pedro nos permite apreciar que ser cristiano es confesar con pasión y con convicción que Jesús es el Mesías, el hijo del Dios vivo, no como una deducción científica o filosófica, sino como signo de la acción de Dios en nuestras vidas por medio de su Espíritu, quien nos ayuda a responder a su Revelación con el don de la fe.

Como comunidad de fe recibimos la tradición de fe compartida a través de los siglos, la interpretamos, la hacemos nuestra y la compartimos con nuestros hermanos y hermanas. Como Iglesia entramos en diálogo con quienes viven en nuestras sociedades, sus inquietudes, sus dudas, sus gozos. Ese diálogo es una oportunidad única y verdadera para anunciar la Buena Nueva y compartir lo que Dios nos ofrece por medio de Jesucristo. Vale la pena recordar aquellas palabras del Concilio Vaticano II en la Constitución Pastoral Gaudium et Spes, sobre la Iglesia en el mundo actual:

> Los gozos y las esperanzas, las tristezas y las angustias de los hombres de nuestro tiempo, sobre todo de los pobres y de cuantos sufren, son a la vez gozos y esperanzas, tristezas y angustias de los discípulos de Cristo. Nada hay verdaderamente humano que no encuentre eco en su corazón. La comunidad cristiana está integrada por hombres que, reunidos en Cristo, son guiados por el Espíritu Santo en su peregrinar hacia el reino del Padre y han recibido la buena nueva de la salvación para comunicarla a todos. La Iglesia por ello se siente íntima y realmente solidaria del género humano y de su historia.[7]

La fe del cristiano se fortalece en la relación diaria con Dios y con los demás creyentes. Como discípulos de Jesucristo somos llamados continuamente a recibir con humildad lo que Dios quiere comunicarnos, a afirmarlo con convicción, y a anunciarlo a tiempo y a destiempo. Dios nos llama a que seamos discípulos de Jesucristo con intencionalidad y autenticidad ya sea que nos encontremos en el camino de los que creen pero no saben cómo articular su fe o en el de los que todavía buscan una comunidad que les ayude a entender su fe o en el de los que hacen muchas cosas con buena intención pero necesitan crecer en su relación con Dios o en el de los que viven una fe más madura.

Preguntas para la reflexión

- *¿En qué camino cree usted que se encuentra en su caminar de fe?*
- *¿Cómo se prepara usted para responder a quienes cuestionan la validez del cristianismo en la vida contemporánea?*
- *¿Cómo vive la identidad cristiana en su familia?*

Testimonios de fe

Fe que inspira

Quienes han dejado huellas profundas en la memoria de la humanidad fueron con frecuencia personas que vivieron al máximo sus existencias y respondieron de manera especial a los desafíos que determinaron el momento histórico en que les tocó vivir. Algunas de estas personas nacieron en contextos privilegiados y desde jóvenes fueron preparadas para alcanzar ciertas expectativas. Tal es el caso de muchos herederos políticos y de aquellos que han recibido fortunas de sus padres. Otras de estas personas se abrieron paso en medio de las circunstancias de sus vidas sin contar con la certeza inicial de que habían nacido para hacer algo grande, al menos como se esperaría de aquellos que pertenecen al grupo anterior. La grandeza de estas personas consiste en que no sólo desafiaron las condiciones adversas que les hubieran podido limitar, sino que tuvieron la sabiduría para responder a los retos del momento como nadie más lo hubiera podido hacer. Hoy en día contamos con una gran abundancia de libros sobre las vidas de estos dos grupos de personas. Sus ejemplos nos inspiran invitándonos a aceptar el reto de vivir nuestra existencia al máximo y dejar una huella profunda en la memoria de quienes nos rodean. Para los cristianos es un privilegio saber que muchas de estas personas hicieron lo que hicieron inspirados y movidos por su fe en Jesucristo.

El siglo XX fue un siglo de grandes logros y al mismo tiempo de grandes desilusiones. El mundo occidental comenzó ese siglo con la confianza de la revolución industrial y tecnológica, y con la convicción de que los avances científicos nos ayudarían a dominar la naturaleza como nunca antes había sido posible. El siguiente paso sería el universo. La humanidad no había sido testigo de tantos avances y tantas invenciones en tan corto tiempo. La confianza en el uso de la razón y el poder de la capacidad humana parecían haber alcanzado su punto máximo. Sin embargo, la humanidad pronto descubriría que los nuevos horizontes abiertos por la creatividad del hombre que prometía darnos una existencia mejor, sería usada para llevarnos a experimentar algunas de las peores pesadillas en nuestra corta historia. En la Primera Guerra Mundial, millones de jóvenes perdieron sus vidas en cuestión de días diezmando la población de sociedades enteras. Tal masacre llevó a toda una generación a un estado de parálisis y al cuestionamiento sobre el sentido de la existencia humana. El Comunismo, como sistema sociopolítico, se estableció en varias naciones como alternativa al capitalismo que ya dominaba. Esto llevó a una tensión dolorosa y en muchos casos violenta. A mediados del siglo, la Segunda Guerra Mundial se convirtió en el escenario de una nueva lucha en la que millones de personas más murieron. El despliegue de tecnología y la capacidad de destrucción fueron más grandes que nunca. Dos bombas nucleares destruyeron ciudades completas en Japón, revelando que la aniquilación total de la humanidad ahora era más posible que nunca y que dependía de las decisiones de unos cuantos líderes políticos. Nuestras sociedades se dieron cuenta del horror del holocausto en el que millones de judíos, al igual que muchas otras personas fueron asesinadas a manos del gobierno Nazi en Alemania. El fenómeno de la globalización prácticamente determinó las reglas de interacción para la mayoría de las personas en el planeta. A finales del siglo, los sistemas sociopolíticos de carácter comunista se debilitaron seriamente, el neo-capitalismo (una forma de capitalismo más intenso guiado por las reglas del mercado) se expandió rápidamente y nuevos conflictos bélicos surgieron, especialmente en Medio Oriente. La humanidad cayó en la cuenta de que el siglo que más riqueza generó en la historia hizo muy poco para erradicar la pobreza, una pobreza en la que, por desgracia, vive la mayor parte de la humanidad.

Al mismo tiempo, la Iglesia católica había entrado en un proceso de reflexión profunda sobre varios aspectos de su identidad y sobre su papel en el mundo contemporáneo. El Concilio Vaticano II (1962-1965) propuso una guía para renovar la energía con la que los católicos continuarían dando testimonio de su fe en los contextos cambiantes y complejos en los que estaba insertada. Los católicos se mantuvieron pendientes del desarrollo de las realidades que definían el siglo y muchos se involucraron en procesos de diálogo y en esfuerzos para ayudar a los más necesitados, especialmente las víctimas de decisiones que condujeron a la violencia, la pobreza y otras formas de opresión. La Iglesia tendría que pronunciarse con voz enérgica ante lo que se llamó la "descristianización" de Europa, al igual que de otros sectores de las sociedades occidentales en donde el cristianismo ha jugado un papel importante en la formación de sus identidades culturales.

¿Cómo encontrar sentido a la complejidad de la experiencia del siglo XX? ¿Cómo ser testigo de Jesucristo en medio de todas estas circunstancias y dejar una huella profunda en la memoria de quienes tuvieron que vivir en medio de estas realidades? En 1920 nació un hombre cuya experiencia fue influenciada profundamente por casi todas las situaciones históricas descritas hasta el momento. No sólo su larga vida le permitió estar al tanto de estas realidades, sino que su caminar en la fe lo llevó a encontrarse directamente con ellas e incluso a servir como instrumento de cambio de algunas. Creció en Polonia, en una familia católica. Su madre murió cuando todavía era un niño y su padre unos años después. Durante su juventud se destacó por sus dotes atléticas al igual que por su amor al teatro. Sus primeras obras de teatro estuvieron directamente inspiradas en temas bíblicos. En 1939 Alemania invadió Polonia y estableció un sistema absolutista que afectaría profundamente la vida de la población polaca. Durante esos años este joven se integró a grupos de resistencia cultural y al mismo tiempo discernió la llamada al sacerdocio ministerial. Su formación en el seminario tuvo lugar al mismo tiempo en que la Segunda Guerra Mundial se llevaba a cabo. Fue ordenado sacerdote en 1946. Después de la derrota de Alemania, Polonia cayó bajo el poder del gobierno soviético y así el Comunismo se impuso con sus políticas antirreligiosas. Para el joven sacerdote los efectos del Comunismo serían una preocupación constante durante su ministerio. Los siguientes años de su vida los dedicó a la vida académica enseñando filosofía. En 1958 fue consagrado como obispo auxiliar de la arquidiócesis de Cracovia, la cual dirigiría unos años más tarde. Participó activamente en las sesiones del Concilio Vaticano II haciendo varias contribuciones. En los siguientes años jugaría un papel importante guiando la implementación del Concilio en la vida de la Iglesia. En 1967, el Papa Pablo VI lo creó cardenal de la Iglesia y, en 1978, fue elegido como Sumo Pontífice. Sería el primer Papa polaco en la historia. Su pontificado se sostuvo firmemente en su fe en Jesucristo, en su amor a la Virgen María y en una rica experiencia personal.

Observadores de su elección como Sumo Pontífice coincidieron en que él era la persona más adecuada para ese momento histórico en que era necesario guiar a la Iglesia en la respuesta a los urgentes desafíos que presentaba el siglo XX. Rápidamente se convirtió en uno de los líderes con más influencia a nivel internacional. Desde esta posición, jugó un papel importante en el desmantelamiento de la Unión Soviética y su régimen comunista. Escribió incansablemente y sus mensajes abordaron toda clase de temas. Sus escritos sobre doctrina social, sobre la familia y sobre la ética cristiana, entre otros, siguen siendo la pauta de conversación entre los católicos alrededor del mundo. Fue un viajero incansable. Hizo visitas oficiales a 129 países y abrió las puertas del diálogo a toda clase de líderes religiosos, políticos y sociales. Por medio de sus mensajes habló constantemente sobre la urgencia de los gobiernos de trabajar sinceramente por la paz en el mundo entero. También invitó a poner atención a los sectores del planeta en donde el cristianismo crece como fuerza vibrante, especialmente Latinoamérica –al cual llamó "el Continente de la esperanza"–, África y Asia. Al mismo tiempo, recordó a los cristianos de todo el mundo que estos lugares son también los que más dificultades tienen debido a las condiciones de pobreza en las que la mayoría de las personas vive. Sus reflexiones fueron un llamado constante a los países desarrollados en Europa occidental y Norteamérica a reconocer la contribución del cristianismo en su historia y a permanecer abiertos al amor salvador de Jesucristo. Nadie podrá olvidar el gran impacto de las Jornadas Mundiales de la Juventud que inauguró. En ellas, millones de jóvenes de todo el mundo se reunían para afirmar su identidad cristiana y escuchar a un hombre mucho mayor que ellos en cuanto a la edad; pero joven como ellos en su espíritu y su manera de anhelar un mundo mejor. Sin duda alguna sabía cómo inspirar a los jóvenes. A través de cientos de canonizaciones afirmó la importancia de tener modelos de santidad que hablen a mujeres y hombres de todas las edades y culturas. Sus 26 años, 5 meses y 17 días de pontificado, el tercero más largo en la historia de la Iglesia, sirvieron como preparación para forjar la visión con que los católicos recibiríamos el siglo XXI.

En el año 2005, a la edad de 84 años, el Papa que inspiró a toda una generación de católicos con su testimonio de fe, llegó al final de su peregrinaje terreno. El día de su funeral, al cual asistieron cientos de miles de personas y millones más lo siguieron a través de los medios de comunicación, la multitud presente comenzó a aclamar con entusiasmo: "*santo súbito*". En el año 2009, a escasos cuatro años de su muerte, fue declarado *Venerable* y en el 2011 fue beatificado. Su canonización no tardará mucho tiempo.

Quizás ningún otro Papa ha estado tan presente en la conciencia de los cristianos católicos –y del resto del mundo– como aquel hombre que nació para inspirar a millones de católicos, gracias a la autenticidad de su fe. Con seguridad los acontecimientos y los desafíos del siglo XX lo colocaron en esta circunstancia, pero supo responder como se necesitaba. De hecho, en varios círculos eclesiales y sociales, se le llama ya con el nombre de "Juan Pablo II, el Grande". Seguramente, en el futuro, muchas generaciones lo conocerán también de ese modo.

Fe que revela a un Dios que ama a los pobres y camina con ellos

Nadie sabe, por cierto, el momento histórico o las circunstancias en las que será llamado a dar testimonio de la profundidad de su fe. Por alguna razón, los mejores ejemplos de fe que recordamos como cristianos, son los de aquellas mujeres y hombres que han hecho algo radical, algo fuera de lo ordinario, algo inesperado. Esta perspectiva puede llevarnos a pensar equivocadamente que los verdaderos héroes cristianos son sólo aquellos que viven en el mundo de lo extraordinario. La verdad es que la mayoría de testimonios de fe tienen lugar en la vida ordinaria.Para millones de personas en Latinoamérica lo ordinario es más bien extraordinario, aunque de maneras que no son muy edificantes. Cerca de la mitad de todos los católicos del mundo viven en Latinoamérica y la mayoría lo hacen en condiciones de profunda pobreza. La riqueza existe en abundancia en esta tierra. El gran problema es que la mayor parte de esa riqueza está concentrada en manos de unas pocas personas. El fenómeno contemporáneo de globalización y el mesianismo de sistemas políticos como el comunismo y el neo-capitalismo han deteriorado aún más la situación, afectando primordialmente a los pobres. ¿Cómo predicar el mensaje de esperanza y justicia que se encuentra en el corazón del Evangelio, en medio de estas circunstancias? ¿Qué tiene que ver la salvación con la manera en que vivimos en la tierra? Si toda vida es preciosa ante los ojos de Dios, ¿cómo es posible que millones de seres humanos sean tratados como no-personas en un continente en el que la mayoría profesa la fe católica? ¿Cómo se manifiesta Dios a estas personas?

Jesús mismo vivió en condiciones socioeconómicas similares a las de aquellos millones de mujeres y hombres latinoamericanos que son pobres. Su pueblo fue rechazado, perseguido y dominado por poderes políticos que poco respetaban su dignidad. Las personas que le rodeaban eran en su mayor parte personas pobres y desvalidas, algo que le criticaban ciertas autoridades religiosas y políticas. En Latinoamérica fue natural que muchos líderes cristianos, fieles a la misión de predicar la Buena Nueva a todos los pueblos, contemplaran el testimonio de Jesús como punto de partida para su reflexión. El Evangelio ha sido anunciado en estas tierras por cinco siglos y Latinoamérica es llamado el continente de la esperanza. Aun así, muchas personas viven sin esperanza por causa de su pobreza. Si el cristianismo ha estado presente en el continente por tanto tiempo, ¿en qué momento se desconectaron el mensaje del Evangelio y la vida diaria? ¿Tienen las enseñanzas y la predicación de la Iglesia alguna relevancia en las vidas de las personas? ¿Debe la Iglesia intervenir en los asuntos del mundo para confrontar la realidad de la pobreza o limitarse a predicar el Evangelio y enfocarse en la vida espiritual del pueblo como si ésta estuviera desconectada de la vida diaria? ¿Tiene el cristiano una responsabilidad en relación con lo que ocurre a su alrededor?

Estas preguntas comenzaron a tomar cada vez más fuerza en la reflexión de muchos cristianos latinoamericanos a mediados del siglo XX. La formulación de estas preguntas exigió evaluar cómo los cristianos latinoamericanos, comenzando por sus líderes eclesiales, daban testimonio de su fe. Considerando que quienes poseían la mayor parte de la riqueza y controlaban las estructuras de poder político eran católicos, era urgente tener una conversación con ellos sobre la situación en la que la gran mayoría de sus hermanas y hermanos vivían. Esto exigió un nuevo tipo de reflexión teológica, una manera renovada de entender cómo Dios se hace presente en la vida de las personas y cómo las circunstancias en que vivimos afectan profundamente la manera de relacionarnos con Dios. Esta reflexión necesitaba salir de los confines de las universidades y seminarios, y observar la realidad en que los cristianos vivían. Si la teología y la predicación del mensaje cristiano iban a hacer alguna diferencia en las vidas de los creyentes, si se esperaba que las personas que vivían en medio de la pobreza tenían que dejar al Espíritu Santo actuar en ellos, el cristianismo tenía que decir algo sobre el aquí y el ahora de sus existencias. Muchos líderes cristianos leyeron los evangelios de nuevo con sus comunidades; los teólogos volvieron a analizar las preguntas clásicas sobre Dios, Jesucristo y la Iglesia usando distintos lentes en diálogo con la Tradición. La experiencia fue transformadora y la idea de liberación se convirtió en una posibilidad real en la vida de muchos pobres. El Evangelio es un mensaje de liberación; el cristianismo es una experiencia liberadora; Jesús nos liberó de la muerte y del pecado. ¡Todo esto ha sido parte de la tradición durante este tiempo! Por consiguiente, ¿cómo actualizar todo esto en la vida diaria de las personas?

Varios experimentos se llevaron a cabo en distintas partes de Latinoamérica. Otras partes del mundo observaron con atención lo que allí ocurría. Obispos, sacerdotes, religiosas, religiosos y líderes laicos entraron en un proceso de renovación espiritual. La reflexión teológica se afirmó como un segundo momento, uno que iría después de una evaluación seria de la realidad y una inmersión en la vida de las comunidades, viviendo con el pueblo. Algunos líderes tomaron este compromiso literalmente. Muchos se encontraron ante la necesidad de entrar en diálogo con las ciencias sociales para entender mejor la realidad y así proponer una reflexión teológica que estuviera relacionada con la vida diaria de los latinoamericanos. Esto sería un desafío a las maneras más tradicionales de hacer teología. Los cristianos necesitaban saber dónde se encontraba el pecado en la sociedad, nombrarlo y hacer algo para confrontarlo. Sería una invitación para que la Iglesia renovara su identidad profética. En algunos sectores hubo excesos, malentendidos e incluso confusión. Sin embargo, la Iglesia en Latinoamérica y la teología que se ha escrito en las últimas décadas, una teología que ha influido en gran cantidad de movimientos cristianos en todas partes, será recordada por ofrecer un nuevo impulso a la idea de ser cristiano *en el mundo*.

Desde el momento de su ordenación en 1959, un sacerdote dedicó la mayor parte de sus días a vivir con familias pobres, predicándoles la Buena Nueva en una pequeña parroquia en Lima, Perú. Él no escogió esta parroquia específicamente. Fue asignado allí como cualquier otro sacerdote de su diócesis. Quienes lo han conocido a través de los años coinciden en que es una persona sinceramente convencida de su fe cristiana. Su profundo amor a Dios y a su pueblo informa todo lo que hace, amor por medio del cual se siente en solidaridad con los pobres del mundo. Muchas familias en su parroquia vivían en casas sin un techo; muchas pasaban días sin comer; la pobreza reinaba en todas partes. Viviendo durante algunos años en Francia como estudiante, se encontró con varios movimientos intelectuales que reflexionaban sobre las dimensiones políticas de la fe cristiana. Él intuyó que si una reflexión similar había de tener lugar en Latinoamérica tenía que comenzar con la realidad propia del pueblo Latinoamericano. Y la mayoría de los latinoamericanos vivían en pobreza extrema. Su trabajo parroquial marcó en gran parte su pensamiento: él vivía con los pobres y los escuchaba. También se involucró en varios movimientos de reflexión sobre el cristianismo y la justicia social en varias partes de Latinoamérica y alrededor del mundo. Junto con sus responsabilidades como párroco, viajó continuamente hablando de una manera renovada de hacer teología: desde la perspectiva de los pobres. La novedad de su pensamiento y del de sus colegas no siempre fue entendida. No obstante, su voz profética sigue resonando en todos los rincones de la Iglesia. Sus escritos teológicos y espirituales son ante todo el resultado de un sinnúmero de horas de conversación con muchos otros líderes y con el pueblo al que sirvió como sacerdote.

En sus escritos habla de la pobreza como algo destructivo, escandaloso e injustificable. Los cristianos tenemos que hacer algo en relación con este flagelo, viviendo en solidaridad con los pobres y protestando contra sus causas. Una de sus contribuciones más inspiradoras como teólogo es que el Dios de la Revelación se hace presente en la historia como un Dios que ama a los pobres con amor preferencial. Para muchos ésta es una afirmación radical, pero él simplemente está leyendo las Escrituras. Para otros ésta es una afirmación obvia, la cual hay que recordar a los cristianos en todo momento. Nuestra relación con los pobres revela algo nuevo sobre la experiencia cristiana: cuando caminamos con los pobres descubrimos a Dios de una manera nueva. Al mismo tiempo, la pobreza revela la presencia del pecado en medio de nosotros, el cual es un obstáculo que impide el pleno advenimiento del Reino de Dios a nuestras vidas y, de manera más particular, a la vida de los pobres. Para este sacerdote y quienes reflexionan usando una metodología similar, ser cristiano exige que confrontemos la pobreza y sus causas; ser mujeres y hombres de fe consiste en contemplar al Dios de la vida que camina en la historia con la gente que tiene más necesidades como lo hizo Jesús. Este sacerdote no escribió su obra teológica en bibliotecas sofisticadas o en los recintos de centros académicos famosos. Tampoco hizo una carrera deslumbrante en el mundo de la academia o en los altos rangos de la jerarquía eclesiástica. Sin embargo, ha recibido más títulos honorarios, ha hecho más presentaciones académicas y ha escrito más libros influyentes que la mayoría de personas que sirven en dichos contextos. La historia ciertamente recordará al P. Gustavo Gutiérrez como uno de los gigantes del pensamiento teológico contemporáneo, alguien cuyas convicciones de fe le inspiraron a escribir una obra que llevó a cientos de miles de cristianos en Latinoamérica y en el resto del mundo a renovar su compromiso con los pobres a la luz del Evangelio.

Fe radical

Si hay algo fascinante en el cristianismo, es que no existe sólo un modelo para vivir la relación con Jesucristo. Para algunos el modelo ideal es la vida monástica en el cual mujeres y hombres se dedican a la oración y a la contemplación en un convento alejados de toda distracción posible. Para otros es la vida misionera por medio de la cual se lleva el mensaje del Evangelio a lugares remotos enfrentando toda clase de retos. Ambos modelos son atractivos y ambos continúan siendo fuente de vida para las comunidades cristianas alrededor del mundo. Sin embargo, sólo un grupo pequeño de cristianos es llamado a vivir su fe de acuerdo con estos dos modelos. La mayoría de los discípulos de Jesucristo estamos llamados a dar testimonio de nuestra fe en un punto intermedio, un punto en donde contemplación y misión coinciden aquí y ahora. Para la mayoría ese punto es la experiencia diaria de la vida familiar, el trabajo y las relaciones sociales con las cuales buscamos hacer del mundo una realidad mejor.

Aparte de las opciones vocacionales por medio de las cuales hacemos vida nuestra fe, descubrimos que son muchos los caminos que conducen al encuentro con Dios y llevan a otras personas a dicho encuentro. Sería ingenuo pensar que todos debemos ser cristianos de la misma manera, aun cuando el modelo es el mismo Señor Jesucristo. En la Edad Media distintas escuelas de espiritualidad propusieron caminos para lograr el ideal de la santidad cristiana y para ello escribieron manuales de vida espiritual. Una de las obras nacidas en este contexto es el famoso libro *La imitación de Cristo*, atribuida a Tomás de Kempis. *La imitación de Cristo* y muchas otras obras similares nos presentan al Señor Jesús como el modelo de vida cristiana a quien todo discípulo debe imitar. Por ello los cristianos compartimos muchos elementos en común en la práctica de nuestro discipulado. Sin embargo, la sabiduría de las comunidades cristianas ha afirmado también que cada bautizado tiene la responsabilidad de vivir su fe y reflejar a Cristo a la luz de su propia experiencia. Por ello, los discípulos auténticos del Señor tenemos que encarnar los valores del Evangelio dentro de la particularidad de nuestras vidas. Por un lado, compartimos la misma fe, creemos en el mismo Señor y esperamos la misma salvación. Por otro, hacemos vida nuestra fe en la singularidad de nuestras relaciones y de nuestras decisiones.

En la época de la crisis económica conocida como la Gran Depresión, la cual comenzó en 1929, surgió una periodista joven cuya presencia invitaría a los católicos estadounidenses, y a muchos otros, durante la mayor parte del siglo, a vivir la fe cristiana de manera radical. Y radical era ciertamente la personalidad de esta joven quien creció en la tradición cristiana Episcopal, siguió de cerca las ideas de pensamiento socialista que se discutían en su tiempo y más adelante renovaría su compromiso cristiano dentro de la Iglesia católica. Desde niña fue una enamorada de las letras, dedicando gran parte de su vida a escribir y a leer. Parte de la literatura que estudió en su juventud estaba relacionada con las luchas de los trabajadores y con ideas sobre organización social, lo cual definiría muchas de sus convicciones. Sin haber terminado la universidad se fue a vivir a Nueva York en donde encontró trabajo escribiendo para varios periódicos y revistas. Pronto se vinculó a varios movimientos pacifistas y de organización comunitaria, abogando especialmente por los derechos de los trabajadores pobres. Siendo muy joven, se encontró involucrada en varias relaciones sentimentales, incluyendo un matrimonio, las cuales no terminaron bien. A los veintidós años quedó embarazada y decidió abortar, algo que marcaría profundamente su vida. Unos años después, volvió a quedar embarazada y dio a luz a una hija. En medio de sus muchas pasiones y el ímpetu de su vida, crecía su interés por el catolicismo y en 1927 fue bautizada en la Iglesia católica.

¿Cómo reconciliar su experiencia de fe y su deseo de hacer algo en favor de los trabajadores y los más necesitados, especialmente cuando la inspiración de sus intereses sociales venía de fuentes que poco tenían que ver con la religión? En su nueva familia de fe descubrió que era posible, de hecho necesario, ser católica y comprometerse con los intereses de los más necesitados. Los documentos oficiales sobre Doctrina Social de la Iglesia serían de gran inspiración durante su vida. En 1933, en medio de la Gran Depresión, un activista católico llamado Peter Maurin la visitó y le ofreció comenzar un periódico católico enfocado en la realidad de los trabajadores y los más pobres. Peter Maurin fue un modelo ejemplar de vida cristiana, especialmente por su opción por la pobreza material, lo cual le llevó a recibir la admiración de quienes le conocieron y convivieron con él. Para ella ésta fue una oportunidad única, pues no sólo podría reflexionar sobre temas que le apasionaban, sino también de poner en práctica sus habilidades como escritora. El periódico se llamó *The Catholic Worker* (El trabajador católico), el cual en un momento dado distribuiría 150.000 copias y sería leído nacional e internacionalmente. Éste sería también el comienzo del Movimiento del Trabajador Católico (*Catholic Worker Movement*, en inglés) que pronto se extendería a otras partes del país a través de casas de hospitalidad, granjas comunitarias y centros de estudio. Las casas de hospitalidad inspiradas por el Movimiento del Trabajador Católico eran lugares en donde cualquier huésped podía llegar y quedarse por un tiempo. Allí todos los que llegaban, pobres o ricos, educados o sin educación, trabajadores o desempleados, eran tratados con respeto. Para ella y Peter Maurin el ideal era vivir un "amor activo," hecho realidad particularmente a través de la vivencia auténtica de las obras de misericordia. Según ella, todo hogar debería tener una "habitación de Cristo" para practicar la hospitalidad.

Se mantuvo fiel a la rutina de participar en la misa diaria, rezar el santo rosario y dedicar varios momentos a la oración durante el día. Esto es algo que seguiría practicando hasta el final de su vida y recomendaría insistentemente a todos los que trabajaban con ella. El pensamiento de esta escritora prolífica y católica comprometida iría madurando al mismo tiempo que crecía el impacto de sus ideas. El siguiente paso en su actividad sería denunciar la incompatibilidad entre el mensaje de vida del cristianismo y la guerra. También denunció los movimientos fascistas que se expandían a mediados de siglo. Su actitud pacifista fue contundente, la cual expresó especialmente por medio de su oposición a la participación de los Estados Unidos en los conflictos bélicos que determinaron gran parte de la historia del siglo XX. Esto se convirtió en fuente constante de tensión con líderes influyentes de la sociedad e incluso con algunos líderes eclesiásticos. Durante la guerra fría se opuso al uso de las armas y de la violencia criticando el argumento de la "defensa nacional" como excusa para avanzar en una carrera armamentista cuyas consecuencias casi siempre son sufrimiento y muerte. Hizo todo lo posible para que los católicos y otras personas en la sociedad estadounidense entendieran sus convicciones, especialmente cuando se trataba de preocuparse por los pobres y los más vulnerables. El ambiente político de la segunda parte del siglo estaba tan polarizado, que abogar por ideas tales como el pacifismo, el mejor uso de los bienes de la sociedad para socorrer a los más necesitados y la defensa de los derechos de los trabajadores eran interpretadas con frecuencia como inspiradas por la ideología "comunista". ¿Cómo hablar entonces del Evangelio? En algún momento se le dijo que, si seguía promoviendo ciertas ideas, lo mejor sería que dejara de llamar a su periódico "católico". Esto nunca sucedió, aunque lo contempló como posibilidad afirmando su respeto por la jerarquía y la comunión eclesial. Varias veces participó en manifestaciones y protestas en contra de la guerra, de la explotación laboral y otros tipos de problemas sociales ante los que sostuvo la necesidad de expresarse, incluso si esto implicaba desobedecer o confrontar autoridades. En varias ocasiones el participar en estos eventos la llevaría a la cárcel. Hizo suyas la causa de los trabajadores campesinos en el suroeste de los Estados Unidos, la pobreza de los que no tenían trabajo ni hogar, la lucha de las mujeres que no tenían un lugar a donde ir con sus hijos. En su casa recibió a los más pobres al igual que a clérigos de todos los rangos, visitantes, académicos y políticos.

Grandes personajes como la Madre Teresa de Calcuta expresaron públicamente admiración por su labor con los pobres. Viajó frecuentemente a las casas de hospitalidad inspiradas en el Movimiento del Trabajador Católico, habló en universidades, iglesias y foros comunitarios. Allí donde había necesidad de ser profético, allí se encontraba ella sin temor a posibles consecuencias.

Tanto sus escritos como los testimonios de quienes la conocieron, coinciden en que su fe cristiana era la fuerza que la animaba para seguir adelante con sus muchos compromisos. Para ella, ser cristiana católica exigía acción, especialmente por medio de su compromiso con la justicia social. Para muchos su vida fue un ejemplo claro de santidad cristiana, aunque con frecuencia pidió que no le llamaran santa porque no quería ser irrelevante. Su objeción es interpretada como un rechazo de la concepción tradicional de la santidad la cual se identifica como algo ajeno a la vida diaria. En 1980 muere en su apartamento en Nueva York con la satisfacción de haber vivido su vida y su fe al máximo. El Movimiento del Trabajador Católico perdió la voz y el rostro que le había dado identidad por cerca de cinco décadas. Sin embargo, su legado continúa. Las casas de hospitalidad inspiradas en sus ideas y testimonio siguen acogiendo a cientos de personas y el periódico *The Catholic Worker* sigue distribuyéndose. Mientras haya personas que necesiten hospitalidad en los momentos más difíciles, injusticias que necesiten ser denunciadas, situaciones absurdas que requieran protestas y mensajes proféticos, habrá necesidad de católicos que den testimonio de su fe en el aquí y el ahora de sus vidas y que amen activamente como lo hizo Dorothy Day.

Preguntas para la reflexión

- ***¿Qué le llamó la atención del testimonio del Papa Juan Pablo II?***
- ***¿Qué le llamó la atención del testimonio del P. Gustavo Gutiérrez?***
- ***¿Qué le llamó la atención del testimonio de Dorothy Day?***

Prácticas de fe

Las prácticas que contemplamos en esta sección nacen de la fe y al mismo tiempo nutren este don. Tal como nos recuerda el apóstol Santiago, la fe no es una experiencia exclusivamente privada, ajena a la realidad en que vivimos y sin expresión alguna: "*muéstrame tu fe sin obras, y yo te mostraré mi fe a través de las obras*" (St 2:18). Pudiéramos decir que una de las dimensiones centrales de la fe cristiana es su carácter público. La fe se hace vida en la práctica diaria, en nuestra relación con quienes vivimos. Las siguientes cuatro prácticas nos permiten contemplar la razón central de nuestra fe, el encuentro con la Palabra de Dios en la vida diaria, la dimensión comunitaria del ser cristiano y el diálogo constante al cual Dios nos invita.

El Triduo Pascual

Cada año la Iglesia, dispersa en el mundo entero y encarnada en las muchas culturas que median la experiencia del ser humano, se une como comunidad de fe en una sola celebración: el Triduo Pascual. Es una sola liturgia, una sola fiesta que comienza con la misa de la Cena del Señor el Jueves Santo, continúa el Viernes Santo con la conmemoración de la pasión y muerte del Señor y culmina con la Vigilia Pascual, el sábado de gloria. Afirmando la diversidad de las culturas, experiencias y edades de quienes se reúnen como un solo cuerpo, en el Triduo Pascual la Iglesia expresa su unidad como sólo la Iglesia puede hacerlo: celebrando su fe en Jesucristo. El Triduo Pascual es una ocasión extraordinaria en la que el pasado y el presente se entremezclan en la memoria de la comunidad de fe. Juntos recordamos los momentos centrales de la historia en los que Dios se hace presente de manera maravillosa para compartir su amor con la humanidad: la creación, la elección de un pueblo, la liberación de Israel de Egipto, la promesa de un mesías, la experiencia transformadora de la última cena, la crucifixión y muerte de Jesús y su resurrección. Estos tres días son como un curso intensivo en los que no sólo aprendemos sobre los elementos centrales de la historia de la salvación sino que también nos hacemos parte de ellos al celebrarlos en la liturgia.

Los símbolos del Triduo Pascual nos recuerdan que la vida del cristiano es un caminar continuo en búsqueda de Dios. En ese caminar encontramos obstáculos que nos pueden alejar de la salvación prometida; fuerzas que no nos dejan reconocer que andar con Dios en la historia es andar con el más débil y más necesitado cuya presencia es la misma presencia del Señor. En la celebración del Triduo parece que se nos diera a entender que la realidad del ser humano es una lucha constante entre el mal y el bien, la muerte y la vida, la oscuridad y la luz, el pecado y la gracia. Esto es parte de la pedagogía de esta liturgia. No se trata tanto de que nuestra realidad esté dividida entre fuerzas opuestas e igualmente poderosas. A esto se le llamó maniqueísmo y teólogos cristianos como san Agustín refutaron tal posición. Dios es la fuente del bien, de la verdad y de la vida. Al crearnos, Dios nos da la libertad de escoger ese bien, esa verdad y esa vida. El mal, la muerte, la oscuridad y el pecado son el resultado del rechazo de la propuesta de Dios. El dualismo simbólico que encontramos en la celebración del Triduo Pascual es más bien una invitación a reconocer que en Jesucristo, el Mesías, el Hijo del Dios vivo que ha resucitado, los cristianos participamos de una manera única y nueva en lo que Dios nos ofreció desde un principio y que ahora se nos da por la mediación del Señor: el bien, la vida, la luz y la gracia.

Al centro del Triduo Pascual se encuentra la persona de Jesucristo. Con la muerte y la resurrección del Señor, Dios revela a la humanidad la plenitud de lo que nos ha insistido desde el mismo momento de la creación: Dios nos ama infinitamente y desea que participemos de su vida divina. El Triduo Pascual es por consiguiente una fiesta de vida nueva en la que celebramos la reconciliación de Dios con la humanidad, el fin del poder que la muerte y el pecado puedan tener en nuestras vidas, y la participación de una manera más plena en la vida de Dios por medio de Jesucristo resucitado.

Al final del Triduo, más exactamente en la Vigilia Pascual, miles de mujeres y hombres de todas las edades en todo el mundo culminan el proceso de iniciación cristiana recibiendo los sacramentos del Bautismo, la Confirmación y la Eucaristía. ¡Qué manera de participar en los misterios del Triduo! Quienes les acompañamos celebramos con ellos y renovamos la fe que un día abrazamos. A partir de ahí cada domingo, el día del Señor, y en cada gran celebración del año litúrgico renovamos lo que hemos celebrado en el Triduo. Cada domingo es una réplica casi exacta de lo que se ha celebrado en la vigilia pascual, un momento único de encuentro con Dios en el transcurso de la semana, al cual san Agustín llamaría "el sacramento de la Pascua".

Lectio Divina

Para el cristiano que practica su fe y se esfuerza por hacerla vida en lo cotidiano, el encuentro constante con la Palabra de Dios es una prioridad y una necesidad. Como cristianos católicos reconocemos que, al hablar de la Palabra de Dios, nos referimos a una fuente de Revelación divina a la que tenemos acceso por medio de dos vertientes: las Sagradas Escrituras y la Sagrada Tradición. Necesitamos ambas vertientes para apreciar la profundidad de lo que Dios nos revela; ambas son importantes para guiar nuestra vida de fe.[8]

Desde los primeros años del cristianismo, las distintas comunidades eclesiales han reconocido la importancia de algunos textos escritos que son considerados sagrados. Su contenido, mediado por palabras y símbolos humanos propios de los contextos culturales en los que fueron escritos, es instrumento revelador del mensaje de Dios a la humanidad. Hoy en día conocemos este conjunto de 73 textos como la Biblia o las Sagradas Escrituras; tiene 46 libros en el Antiguo Testamento y 27 en el Nuevo Testamento. Las Sagradas Escrituras juegan un papel central en la vida de la Iglesia; las Sagradas Escrituras animan el espíritu de la liturgia; todo ejercicio de reflexión teológica auténticamente cristiano parte de y regresa a las Sagradas Escrituras; toda acción pastoral es inspirada por la Palabra de Dios. La Iglesia venera amorosamente estos libros sagrados e invita a todos los creyentes a acercarse a ellos, leerlos, escudriñarlos, contemplarlos, orar sirviéndose de ellos y apropiárselos en la vida diaria.

Todas estas acciones coinciden en una de las prácticas más antiguas de la Iglesia: la *lectio divina* o lectura espiritual del texto sagrado. Con frecuencia se asume que dicha práctica tiene su origen en los monasterios, especialmente los que siguieron la regla benedictina, en donde los monjes dedican largas horas a estudiar la Palabra y a orar con ella. Aunque es verdad que la lectura orante de textos sagrados ha sido una de las características centrales de la vida monástica cristiana, la práctica es mucho más antigua que el cristianismo. Los primeros cristianos heredaron del judaísmo esta hermosa tradición. Otras tradiciones religiosas también invitan a una lectura espiritual de sus textos sagrados. A medida que se incrementó la disponibilidad de los textos sagrados, especialmente a partir de la invención de la imprenta, y hoy en día con los muchos medios electrónicos, la *lectio divina* es una posibilidad para todo cristiano, en todo momento y en todo lugar.

La *lectio divina* tiene cuatro momentos. Primero, *lectio* o lectura meditada de la Palabra. Es una lectura lenta, repitiendo partes del texto, poniendo atención a todos los detalles. Segundo, *meditatio* o meditación de lo que se ha leído. La persona escoge una palabra o frase o imagen y la contempla intencionalmente: ¿qué me dice?, ¿por qué me llama la atención? Éste es un momento propicio para dejarse guiar por el Espíritu. Tercero, *oratio* u oración. Es el momento de entrar en diálogo con Dios, usando nuestras propias palabras, compartiendo lo que el texto nos ha inspirado. Y cuarto, *contemplatio* o contemplación. Éste es el momento en el que las palabras y las imágenes ya no son tan importantes como en los momentos anteriores. Éste es un momento impredecible porque lo que cuenta es la presencia de Dios. Este cuarto momento no tiene que estar necesariamente limitado a un momento específico. Es un momento en el que se puede practicar lo que san Ignacio de Loyola identificó como contemplación en acción; la contemplación continúa en el transcurso del día, en lo que hacemos, en nuestras relaciones con los demás.

Todo cristiano está invitado a practicar la *lectio divina* porque la Palabra de Dios en las Sagradas Escrituras es un regalo único de Dios. Éste es un ejercicio que nos ayuda a entender mejor el texto sagrado, meditarlo y hacerlo vida en nuestro diario caminar. El hecho de que la *lectio divina* sea tan sencilla debería ser una motivación para practicarla todos los días, ya sea individualmente o en comunidad. Lo importante es encontrarnos con el poder del mensaje del que nos habla la Carta a los Hebreos: "*la palabra de Dios es viva y eficaz, más penetrante que espada de doble filo, y penetra hasta donde se dividen el alma y el espíritu, las articulaciones y los tuétanos, haciendo un discernimiento de los deseos y los pensamientos más íntimos*" (Hb 4:12).

Comunión de los santos

La fe cristiana es una experiencia única en la que el creyente entra en relación personal con Dios por medio de Jesucristo. Ahora bien, decir "personal" no significa que dicha relación tenga que vivirse aisladamente. Ser cristiano es ser parte de la Iglesia, una comunidad de discípulos del Señor llamados a compartir y celebrar su fe juntos. Este sentido eclesial es sumamente importante en la vivencia de la fe cristiana, puesto que ser comunidad es estar en comunión: *común unión*. Como cristianos somos un cuerpo que comparte una sola fe, la presencia de los demás, el testimonio mutuo y los dones espirituales que Dios concede a los que aceptan su amor infinito. Como cristianos no estamos solos.

La tradición cristiana llama a esta experiencia *comunión de los santos*. Es interesante observar que uno de los nombres que usaron los primeros cristianos para referirse a sí mismos fue *"los santos"* (Hch 9:13; 9:32; 1 Cor 6:1). Los santos eran aquellas personas que pertenecían a la comunidad de los que se identificaban como seguidores del Señor. Es posible que la definición de santidad para estos primeros creyentes fuera un poco distinta de la nuestra. Con frecuencia, al hablar de santos, nuestra imaginación nos lleva a pensar en personajes del pasado que hicieron cosas sorprendentes (¿milagrosas?), llevaron vidas fuera de lo ordinario y fueron personas excepcionales en cuanto a la vivencia de su fe. Si éstos son los criterios que usamos para hablar de santidad, entonces tiene sentido preguntar: ¿quién puede ser santo? Con seguridad muchas de las mujeres y hombres que la Iglesia nos presenta oficialmente como modelos de santidad encarnaron de alguna manera estas características. Algunos cristianos las encarnan hoy en día. Pero no podemos perder de vista que ellos fueron tan humanos como nosotros y enfrentaron desafíos para vivir su fe tal como los enfrentamos nosotros. Para poder apreciar la profundidad de lo que llamamos "comunión de los santos," necesitamos volver sobre nuestra definición de santidad, nuestra idea de la historia y el sentido de lo que significa vivir en comunión.

La Iglesia es santa porque Jesucristo es santo.[9] Jesucristo es la fuente de nuestra santidad. Esta convicción nos libra de pensar que la santidad es fruto de un esfuerzo humano. Santidad es ante todo una actitud de apertura constante a la acción del Espíritu Santo en nuestras vidas. En esta definición sencilla observamos que Dios es quien santifica, pero cuenta con nuestra voluntad para que dejemos que el Espíritu actúe. Es el Espíritu quien nos lleva a la comunión íntima con el Señor. Dicha actitud de apertura requiere tanto del humilde reconocimiento de nuestras limitaciones, como de la afirmación de nuestro deseo de buscar a Dios como meta última de nuestra felicidad. No hay una manera única de vivir la santidad, pues Dios obra de manera distinta en la vida de cada persona. Así que, cada vez que alguien abre su vida sinceramente a la acción de Dios por medio del Espíritu Santo, ya se encuentra en el camino hacia la santidad.

Con frecuencia los modelos de santidad que nos presenta la Iglesia son personas que ya han muerto y fueron declaradas santas gracias al testimonio de vida cristiana que dejaron. Aunque estas personas vivieron en el pasado, ahora constituyen el futuro de lo que la Iglesia llegará a ser. Es decir, los santos que ya están en la presencia de Dios, esperan la consumación de los tiempos cuando todos seamos un solo cuerpo compartiendo la vida eterna. A ellos nos unimos "los santos" del presente, aquellos que vamos de camino, compartiendo nuestro testimonio de fe y haciendo todo lo posible para que el Reino de Dios se haga realidad entre nosotros. Cuando hablamos de la comunión de los santos, afirmamos que el pasado, el presente y el futuro se fusionan en el presente eterno de Dios. Esta comunión nos enriquece con amigos y amigas más allá de nuestra experiencia inmediata y nos revela a un Dios que no cesa de compartirnos su vida gratuitamente.

Por último, la comunión de los santos nos invita a entrar en distintas clases de relaciones con personas que también comparten la experiencia cristiana en distintos niveles. Como miembros de esta comunión asistimos y oramos por quienes están a nuestro alrededor; oramos por quienes han fallecido pero todavía no ven la gloria plena de Dios; recibimos los frutos de la intercesión de quienes ya disfrutan de la vida eterna de Dios. Esta comunión hace posible que quien apenas comienza a discernir su relación con Dios, camine junto a quien ya participa de la presencia de Dios; que quien más tiene, comparta con quien menos tiene. Ser parte de la comunión de los santos es compartir generosamente lo que somos (nuestras vidas) y lo que tenemos (los bienes espirituales que vienen de Dios) unos con otros.[10]

¿Por qué hemos de considerar la comunión de los santos como una práctica de fe? La respuesta es sencilla: comunión con Dios y con aquellos a quien Dios llama a compartir su vida es al mismo tiempo *ser* y *hacer*. Sólo quien lleva a cabo intencionalmente prácticas de comunión (por ejemplo, oración, solidaridad, celebración, diálogo) puede experimentar en profundidad lo que significa ser miembro de una comunidad de discípulos. Sólo quien pertenece a una comunidad de discípulos comprende profundamente lo que significa ser sostenido y enriquecido por prácticas de comunión.

Oración

La base de toda relación interpersonal estable, lo sabemos, es la comunicación. Sin una buena comunicación es difícil construir una vida de comunidad. Una buena comunicación es la base de toda relación matrimonial, de amistad o profesional. Con los avances contemporáneos en el mundo de las comunicaciones hemos descubierto que la comunicación frecuente e inmediata es de gran valor. Aún más, las posibilidades de comunicación a nuestro alrededor son tantas que a veces usamos múltiples medios al mismo tiempo para mantenernos conectados. Los historiadores del futuro ciertamente describirán nuestra época como la era de las comunicaciones.

Lo que sabemos sobre la comunicación también aplica a nuestra vida de fe. Sería una gran contradicción si no fuera así. Si lo que nos define como cristianos es nuestra relación personal con Dios por medio de Jesucristo, dicha relación presupone una buena comunicación. La oración es el medio perfecto para llevar a cabo esa comunicación. La oración del cristiano ha de ser un esfuerzo constante, una experiencia que defina nuestra identidad como discípulos del Señor.

Es posible que en el momento de querer orar nos encontremos sin las palabras adecuadas para expresarnos. O quizás no sintamos el deseo profundo de hacerlo. O simplemente no sabemos cómo empezar. Si nos encontramos en una de estas situaciones, ¡no estamos solos! Los mismos apóstoles, quienes vivían con Jesús, lo escuchaban predicar y lo veían hacer milagros extraordinarios. Un día se acercaron a él y le dijeron: "*Maestro, enséñanos a orar*" (Lc 11:1). Tal vez éste es el paso más importante en la práctica de oración cristiana: reconocer que necesitamos aprender a orar. Jesús responde con un modelo de oración que nace de la intimidad de su relación filial con el Dios de la vida. Su conversación con Dios comienza afirmado esa relación con la palabra "*Abba*" (palabra aramea que significa **Papito**). Cualquier petición o acción de gracias o alabanza que siga estará definida por la profundidad de la relación que se ha afirmado al principio. ¿No sabemos qué decir? ¿Tenemos duda sobre cómo continuar? Una vez más, el Señor nos ayuda. No sólo Jesús se presenta como modelo sino que nos da el don del Espíritu Santo para que nuestra oración sea una expresión permanente de comunión con Dios y con él mismo: "*En adelante el Espíritu Santo, el Intérprete que el Padre les va a enviar en mi Nombre, les enseñará todas las cosas y les recordará todo lo que yo les he dicho*" (Jn 14:26).

La oración como comunicación con Dios es una práctica de fe que es esencial para robustecer la identidad del cristiano. Nos acercamos a Dios por la fe que hemos recibido y en medio de la experiencia de la oración nuestra fe es fortalecida. Ya sea que lo hagamos de manera personal o en comunidad, la oración es siempre una expresión de la profundidad de nuestra relación con Dios en Jesucristo. Si orar es "hablar con Dios," podemos aventurarnos a decir que la conversación de Jesús con los Apóstoles y la confesión de Pedro en Cesarea de Filipo tuvieron lugar en medio de una experiencia concreta de oración. Así como Pedro se dejó guiar por el Espíritu para proclamar a Jesús como el Mesías, el Hijo del Dios vivo, así también nosotros abrimos nuestros corazones con humildad y en actitud de oración proclamamos la misma verdad con convicción.

Preguntas para la reflexión

- *¿Qué puede hacer con su familia para valorar más el día domingo como el día del Señor?*
- *¿Cuál es el reto más grande que enfrenta cuando quiere hacer oración? ¿Qué puede hacer para confrontar este reto?*
- *¿Cuál es su santo favorito y por qué? (si no tiene uno, busque un texto que narre las vidas de varios santos para familiarizarse con algunas de sus historias).*

CONCLUSIÓN

Dios sigue invitándonos a responder a su Revelación con el don la fe que nos ha concedido. Con Pedro unimos nuestras voces a las de muchas generaciones de cristianos que por cerca de dos mil años han proclamado que Jesús es el Mesías, el Hijo del Dios vivo. Ésta es la fe que sostiene a la Iglesia, la cual proclamamos con júbilo. En la celebración del sacramento del Bautismo, después de que la comunidad ha proclamado las convicciones que guiarán el caminar de los nuevos cristianos, decimos: "ésta es nuestra fe, ésta es la fe de la Iglesia que nos gloriamos de profesar en Cristo Jesús, nuestro Señor". A este coro unimos nuestras voces.

Capítulo 2

¿Por qué dudaste?

La experiencia del cristiano en la vida diaria está profundamente marcada por momentos de certeza y momentos de duda. Cuánta certeza podemos tener en un momento determinado o qué tan embargados por la duda podemos estar depende en gran parte de la situación que estemos viviendo y las circunstancias que afecten nuestra vida. Predecir en qué nivel de certeza o de duda nos vamos a encontrar está mucho más allá de nuestro control. No es extraño descubrir que aquella persona cristiana que consideramos como un modelo a nuestro alrededor y admiramos por su compromiso en la comunidad, se encuentre sumida en una crisis de fe. Es posible que esta persona esté haciéndose preguntas que no se había formulado antes en su vida o simplemente se encuentre pasando por un momento de sequedad espiritual en el cual Dios parece estar ausente. Tampoco es extraño encontrar a la persona que, de acuerdo con nuestra experiencia, conoce poco de su fe y rara vez vemos en la iglesia pero habla de Dios con una convicción única porque le ha experimentado de una manera que sobrepasa las expectativas a las que estamos acostumbrados.

No hay manera de determinar cuándo tendremos duda o certeza. Vivimos en medio de las dos. En la vida diaria fluctuamos entre la certeza y la duda; la mayor parte del tiempo no sabemos cómo pasamos de la una a la otra.

Es normal sentirnos preocupados cuando en ciertos momentos tenemos dudas en relación con nuestra fe. Para el creyente, la duda se puede convertir en un momento de terror y zozobra en el cual percibe que se está alejando del objeto de su fe y que no entiende de lleno lo que significa estar en relación con Dios. Lo mismo puede suceder a la persona bautizada que nunca había vivido su fe intencionalmente o se había alejado y ahora que ha decidido regresar tiene dudas. Incluso puede suceder a la persona que se acerca por primera vez a la fe cristiana aceptando la invitación a vivir en relación con el Señor Jesucristo, pero en algún momento siente que carece de la certeza necesaria para dar el sí definitivo. Dudar es parte de nuestra experiencia humana y no ha de ser motivo de desánimo o desesperación. San Agustín nos recuerda que la duda es un elemento de la fe. Aquí nos referimos a una duda constructiva y creativa, que nos ayuda a hacer preguntas y a buscar algo más. La relación con el Dios de la Revelación es una relación con el misterio divino, un misterio cuya profundidad escapa a cualquier intento de abarcarlo completamente, pero aún así estamos llamados a contemplar. La duda constructiva nos adentra más profundamente en ese misterio. Dios sale a nuestro encuentro en la historia compartiéndonos su plan y su propia vida. La certeza de que Dios toma la iniciativa y la seguridad de que lo podemos encontrar son el comienzo de nuestra esperanza.

La presencia de Dios es constante y firme en nuestras vidas y de eso somos testigos tanto por el mensaje que Dios nos comunica por medio de su Palabra como por medio de incontables testimonios de creyentes a través de la historia. Lo que con frecuencia varía es nuestra disposición personal para descubrir la presencia de Dios en nuestra realidad, el contexto desde el cual la interpretamos y los términos que usamos para articular cómo la entendemos. Tal es la naturaleza de nuestra relación con Dios. Ser cristiano consiste en mantenernos atentos a la presencia de Dios en la particularidad de nuestras vidas. Aun cuando pensamos que Dios está ausente o que no entendemos lo que significa estar en relación con Dios, Dios está ahí.

Una de las prácticas más importantes de la tradición cristiana es el discernimiento espiritual. Desde una perspectiva de fe, discernir consiste en identificar los movimientos del Espíritu Santo en nosotros. El proceso de discernimiento parte de una actitud de confianza en la cual el creyente tiene la certeza de que Dios actúa en su vida. Discernir es contemplar el llamado que recibimos a vivir en relación con Dios, un llamado que frecuentemente la tradición cristiana reconoce como el llamado a la santidad (Lv 19:2) o el llamado a la perfección (Mt 5:48). Para el cristiano, Jesucristo es la fuente y el modelo de santidad.[11] Al responder al llamado inicial que Dios hace a toda la humanidad, Dios nos llama a la vida de gracia por medio de los sacramentos, comenzando con el Bautismo. Como miembros de una comunidad sacramental, Dios nos llama entonces a la comunión eclesial manifestada en la unidad y a dar testimonio de la fe cristiana en toda circunstancia dentro de la particularidad de nuestro estado de vida. Por medio del discernimiento espiritual interpretamos las distintas situaciones que afectan a nuestra vida y buscamos la presencia de Dios en ellas. Con frecuencia el discernimiento tiene que confrontar el peso de la duda y la indiferencia, pero los dones de la fe y la esperanza cristiana garantizan al creyente que Dios camina con nosotros y también está al final del camino. En momentos de dificultad, sufrimiento, injusticia y mentira, el Espíritu de Dios nos ayuda a confesar que Jesucristo es el Señor y a poner nuestra confianza en Dios. He ahí la esperanza del cristiano.

Cuando hay duda e incertidumbre, todo cristiano está invitado a abrirse a la gracia de Dios y confiar en su amor. San Pablo lo expresa de manera extraordinaria:

> *¿Quién nos separará del amor de Cristo? ¿Acaso las pruebas, la aflicción, la persecución, el hambre, la falta de todo, los peligros o la espada? Pero no; en todo eso saldremos triunfadores gracias a aquel que nos amó. Yo sé que ni la muerte ni la vida, ni los ángeles ni las fuerzas del universo, ni el presente ni el futuro, ni las fuerzas espirituales, ya sean del cielo o de los abismos, ni ninguna otra criatura podrán apartarnos del amor de Dios, manifestado en Cristo Jesús, nuestro Señor* (Rm 8:35, 37-39).

Preguntas para la reflexión

- ***¿Existen algunos momentos en que usted tiene dudas en relación con su fe?***
- ***Cuándo tiene dudas sobre su fe, ¿a quién o a dónde acude?***
- ***¿En qué momentos de su vida diaria dedica usted un espacio para el discernimiento espiritual?***

LA ESPERANZA DE PEDRO

Inmediatamente después Jesús obligó a sus discípulos a que se embarcaran; debían llegar antes que él a la otra orilla, mientras él despedía a la gente. Jesús, pues, despidió a la gente, y luego subió al cerro para orar a solas. Cayó la noche, y él seguía allí solo. La barca en tanto estaba ya muy lejos de tierra y las olas la golpeaban duramente, pues soplaba el viento en contra. Antes del amanecer, Jesús vino hacia ellos caminando sobre el mar. Al verlo caminando sobre el mar, se asustaron y exclamaron: "¡Es un fantasma!" Y por el miedo se pusieron a gritar. En seguida Jesús les dijo: "Ánimo, no teman, que soy yo". Pedro contestó: "Señor, si eres tú, manda que yo vaya a ti caminando sobre el agua". Jesús le dijo: "Ven". Pedro bajó de la barca y empezó a caminar sobre las aguas en dirección a Jesús. Pero el viento seguía muy fuerte, tuvo miedo y comenzó a hundirse. Entonces gritó: "¡Señor, sálvame!" Al instante Jesús extendió la mano y lo agarró, diciendo: "Hombre de poca fe, ¿por qué has [dudado]?"[12] *Subieron a la barca y cesó el viento, y los que estaban en la barca se postraron ante él, diciendo: "¡Verdaderamente tú eres el Hijo de Dios!"* (Mt 14:22-33).

No es raro especular en algún momento que de haber vivido en la época de Jesús con seguridad le hubiésemos reconocido y seguido. La verdad es que es fácil hacer tal afirmación veinte siglos después de que las distintas comunidades eclesiales han interpretado los textos sagrados una y otra vez, y han profundizado en lo que significó la persona de Jesucristo, especialmente a la luz del misterio de la resurrección. Sin embargo, si fuésemos nosotros los que hoy en día tuviésemos que reconocer a alguien que hiciera los mismos milagros que Jesús hizo y hablara del Reino de Dios de la manera como lo hizo Jesús, tal vez estaríamos en la misma situación de los apóstoles. O quizás haríamos las cosas más difíciles al juzgar sus acciones y palabras a partir de los muchos avances científicos, tecnológicos e intelectuales que marcan nuestras vidas.

En este pasaje encontramos a Pedro en compañía de los otros discípulos. Esta vez el encuentro con Jesús tiene lugar en medio de circunstancias más difíciles, puesto que están en una barca en medio de una tormenta y les embarga el temor de que algo malo les ocurra. Jesús no está con ellos desde el comienzo, lo cual añade un poco de drama a la escena. Ésta es una situación en la cual se entrelazan momentos de certeza y de duda. Los apóstoles no reconocen a Jesús inmediatamente, aunque Jesús se presenta ante ellos y les habla con palabras consoladoras. Pedro desafía a Jesús a que pruebe que es quien dice ser y Jesús acepta el desafío dándole a Pedro un sentido de seguridad. Pedro camina sobre las aguas con confianza pero, duda y comienza a hundirse. Jesús extiende su mano a Pedro y sube a la barca. Aquellos que al comienzo no pudieron reconocer la persona de Jesús terminan confesándolo como el Hijo de Dios. ¡Qué escena!

El reto de reconocer a Jesús. Pedro y los apóstoles se encuentran en medio de un dilema en este pasaje. Ellos han visto a Jesús hacer milagros, predicar con autoridad y hablarles de Dios de una manera que nadie más lo había hecho en sus vidas. Ellos le seguían y sabían de alguna manera que este profeta no les defraudaría. Pero muchas personas alrededor cuestionaban sus acciones y no era fácil entender completamente lo que Jesús decía, especialmente cuando se trataba de su relación con Dios y su descripción del Reino de los Cielos. Ahora Jesús aparece caminando sobre las aguas desafiando las leyes de la naturaleza. Esto es algo que realmente se sale de todos los esquemas conocidos. Sólo los fantasmas pueden hacer algo así, piensan los apóstoles. No sabemos cómo se imaginaban a los fantasmas. Lo que Jesús está haciendo se sale de sus esquemas racionales y lo más práctico para ellos en este momento es recurrir a una explicación irracional.

Este pasaje es una gran oportunidad para reflexionar sobre el poder y la grandeza de Dios por medio de Jesucristo. Lo más seguro es que cuando el evangelista decide compartirnos la historia, su prioridad no son las explicaciones científicas o irracionales o fantasiosas. Su objetivo es compartir una verdad teológica. No es raro encontrar programas de televisión y documentales hoy en día, intentando explicar científicamente cómo alguien puede caminar sobre las aguas o cómo el evento pudo haber sido un fenómeno paranormal. Aunque dichas explicaciones satisfacen en cierta manera nuestra curiosidad, no podemos perder de vista el mensaje del pasaje: Dios es grande y su grandeza excede las mismas leyes de la naturaleza y los conceptos limitados que nosotros tenemos para explicar sus acciones en la historia. Otras acciones de Jesús en los evangelios también serán difíciles de explicar. Por ejemplo, la conversión del agua en vino, la resurrección de una niña, la sanación de un ciego de nacimiento, etc. Su propia resurrección es el milagro más grande con el cual Dios manifiesta su presencia y su amor por nosotros. La mejor manera de leer estas acciones es interpretando la palabra "milagro" como lo hace el autor del Evangelio según san Juan. Para el evangelista un milagro es un *signo* revelador de la presencia y del poder de Dios. Los milagros de Jesús son una manifestación de que Dios está con nosotros. Lo importante de los milagros es reconocer la presencia del poder de Dios en ellos.

Cuando Jesús camina sobre las aguas, nos encontramos ante un pasaje en el cual se le pide a los apóstoles reconocer a Jesús por lo que es: presencia de Dios. Para los apóstoles es difícil hacer esto en el mismo instante, porque están llenos de pánico y porque lo más fácil es valerse de elementos tomados de su propia imaginación para explicar lo que está sucediendo. Podemos entender a los discípulos hasta cierto punto, pues no estaban listos para semejante manifestación. El primer paso para reconocer a Jesús consiste en aceptar que Dios se puede manifestar en cualquier instante de nuestras vidas. Tenemos que estar preparados para recibir dicha manifestación.

Dos esperanzas. De entre los discípulos que aparecen en el pasaje, Pedro sobresale como el más aguerrido. Al escuchar a Jesús decir quién era, Pedro tomó la iniciativa y gritó: "*Señor, si eres tú, manda que yo vaya* *a ti caminando sobre el agua"*. Estas palabras tienen un doble sentido. Por un lado, su esperanza era que quien caminaba sobre las aguas era verdaderamente el Señor y que no los defraudaría. Si el Señor era quien estaba acercándose a ellos, entonces ¿por qué dudar? Por otro lado, Pedro puso la condición de que Jesús le mandara a caminar sobre el agua también. A pesar de que ya le había reconocido y aceptado, quedaba todavía un elemento de duda que le llevó a desafiar a su maestro. Jesús aceptó el desafío y le dijo: "*Ven*". La esperanza de Pedro era sincera, pero no era completa. Era una esperanza que requería confirmación inmediata y Jesús le dio la oportunidad de que se hiciera como lo había pedido.

¡Pedro caminaba sobre las aguas como Jesús! Pedro era parte del milagro; también era mediador de la manifestación del poder de Dios al caminar sobre las aguas. Al observar la situación el miedo de los demás discípulos seguramente se debió haber incrementado. No sólo un fantasma que decía ser Jesús se acercaba a ellos caminando sobre las aguas, ahora su propio compañero hacía lo mismo. ¿Era Pedro también un fantasma? O quizás estaban esperando a llenarse de valor viendo qué pasaba con Pedro y luego ellos mismos pedirían a Jesús que también les mandara caminar sobre el agua. Cualquiera que haya sido la idea que cruzaba por sus mentes, la situación pronto tomaría un rumbo distinto, lo cual cambiaría las cosas. Pedro, quien caminaba firmemente sobre las aguas ante el asombro de todos, se hundía. Una nueva esperanza surgió en lo más íntimo de su ser: Pedro no quería morir, quería vivir. "*¡Señor, sálvame!*" Con este grito Pedro revelaba una nueva actitud. No aquella de quien pedía una prueba, a pesar de que ya había reconocido a Jesús, sino aquella de quien reconociendo a Jesús le confiaba su propia vida.

Las dos esperanzas de Pedro son las esperanzas de la comunidad de fe que busca la presencia de Dios en Jesucristo en la vida diaria. Ambas esperanzas parten del reconocimiento de que Jesús es el Señor. La primera esperanza refleja la limitación de nuestra experiencia presente en medio de la cual "*vemos las cosas como en un espejo, confusamente*" (1 Cor 13:12). Nuestros temores y dudas, las cuales son parte de nuestra condición humana, limitan nuestra contemplación del misterio de Cristo aquí y ahora. Sin embargo, son esos mismos temores y dudas los que nos llevan a la segunda esperanza por medio de la cual descubrimos que sólo Jesucristo puede salvarnos.

De la duda a la confesión

El pasaje concluye con una confesión por parte de todos los que estaban en la barca: "*¡Verdaderamente tú eres el Hijo de Dios!*" No es la única confesión en el pasaje. Pedro ya había confesado el señorío de Jesús dos veces. Esta vez es una confesión comunitaria. Todos fueron testigos de lo que ocurrió. Ya no había temor. Jesús estaba con ellos. Era un momento en el que no había lugar para la duda. Pedro no tenía que hablar por los demás o defenderlos. Él se unió al resto de los discípulos en la barca y postrado con ellos proclamó que Jesús es el hijo de Dios. Seguramente las dudas y los temores regresarían porque la vida seguiría su curso. De hecho, Pedro mismo negaría al Señor más tarde. Pero aquel fue un momento de contemplación en el cual Pedro y los otros discípulos vieron al Señor con claridad. Fue un momento en el que las palabras, las imágenes y las fórmulas servían de poco. Jesús era su esperanza.

Preguntas para la reflexión

- ***¿Qué circunstancias le alejan de Dios? ¿Por qué?***
- ***¿Cuáles tormentas aquejan a la Iglesia hoy en día?***
- ***¿Qué momentos en su experiencia de fe le llevan a contemplar más de cerca a Jesús?***

El don de la esperanza

Hablar de la esperanza cristiana es hablar de nuestras aspiraciones como mujeres y hombres de fe. El Catecismo de la Iglesia Católica nos recuerda que la esperanza es "la virtud teologal por la que aspiramos al Reino de los cielos y a la vida eterna como felicidad nuestra, poniendo nuestra confianza en las promesas de Cristo y apoyándonos no en nuestras fuerzas, sino en los auxilios de la gracia del Espíritu Santo".[13] La esperanza cristiana es la fuerza que hace posible que miremos hacia el futuro con la certeza de que todo aquello que se nos ha prometido se hará realidad, que hoy experimentamos parcialmente lo que algún día viviremos en plenitud; la certeza de que el Dios del que nos habló Jesucristo no nos defraudará. Esa esperanza es ante todo fruto de la presencia de Dios en nuestras vidas. Vivir de acuerdo con la virtud de la esperanza es vivir movidos por el Espíritu mismo de Dios que nos permite llamar a Dios *"Abba, Padre"* (Rm 8:15) y nos motiva constantemente a anhelar a Dios como don que nos satisface plenamente.

El ser humano por naturaleza busca la felicidad y la realización. Por eso pasamos nuestras vidas en un proceso de búsqueda continua. Es como si existiera algo en nosotros que nos impulsara a levantarnos cada día a buscar a Dios en la realidad en la que vivimos, en las relaciones en las que estamos involucrados y en las decisiones que tomamos. Algunos han identificado el objeto de este deseo íntimo como la felicidad: ¿quién no quiere ser feliz? Vivimos para ser felices. Otros lo han identificado como una búsqueda constante de sentido: ¿quién no quisiera entender la razón por la cual existimos? Vivimos para ser satisfechos. San Agustín lo describe hermosamente en sus *Confesiones*: "nos hiciste Señor para Ti y nuestro corazón no estará tranquilo hasta que descanse en Ti".[14] En el contexto de nuestra reflexión podemos entender este deseo como esperanza divina.

Una pregunta que surge con frecuencia al reflexionar sobre la virtud teologal de la esperanza es: ¿por qué esperar? No podemos caer en la tentación de asumir que la esperanza existe porque nuestra vida presente es miserable y no tenemos otra opción. Tal sería una perspectiva demasiado pesimista. Tampoco podemos caer en la tentación de decir que no hay esperanza porque ya tenemos todo lo que necesitamos. Tal perspectiva ignoraría la profundidad y el potencial de lo que es el ser humano. La experiencia diaria nos revela que, como seres humanos, podemos conocer nuestra realidad y la podemos entender en gran medida. Esto es posible porque tenemos inteligencia, voluntad y libertad. La realidad es el mundo que nos rodea, las relaciones en las que estamos involucrados, las limitaciones que encontramos, las condiciones dentro de las cuales nos realizamos o no nos podemos realizar como personas. Como seres humanos tenemos acceso a esa realidad y podemos trascenderla. En otras palabras, no estamos determinados completamente por nuestros instintos o por la inmediatez del presente. Podemos darle sentido a la realidad haciéndola nuestra y, cuando sea necesario, transformándola. Como mujeres y hombres de fe interpretamos la realidad a partir de nuestra relación con Dios por medio de Jesucristo. Dicha relación nos permite descubrir que la realidad en la cual vivimos tiene una meta última: Dios. Entonces, ¿por qué esperar? La realidad presente es tan solo una dimensión de lo que somos. Hay algo infinitamente más grande más allá de la vida presente. San Pablo es bien claro en este sentido: "*Si nuestra esperanza en Cristo se termina con la vida presente, somos los más infelices de todos los hombres*" (1 Cor 15:19). ¿Por qué esperar? Porque como seres humanos creados a imagen y semejanza de Dios tenemos un deseo de infinito que es único y sólo puede ser satisfecho en plenitud por Dios.

La esperanza cristiana está íntimamente relacionada con el don de la fe. Por medio de la fe respondemos a la Revelación de Dios, a su amor hacia nosotros y a su invitación a entrar en relación con las personas de la Trinidad. Sin la fe como don de Dios no podríamos entender de lleno lo que estas realidades significan. Al mismo tiempo, la esperanza cristiana, también un don de Dios, nos impulsa a querer saber más del Dios que se revela en la historia, a confiar en la profundidad de su amor infinito y a entrar en relación con Dios. La relación dinámica entre estas dos virtudes es fascinante: ¡esperamos lo que creemos y creemos en lo que esperamos!

Para el cristiano la esperanza tiene un nombre: Jesucristo. En la persona de Jesucristo Dios ha confirmado que es fiel a su amor por la humanidad desde el momento de la creación y que, a pesar del pecado y nuestras limitaciones, se mantiene fiel a sus promesas. Dios ha obrado de manera grande y definitiva por medio de su Hijo. Esto es evidente al contemplar los distintos misterios de la vida de Jesús, especialmente la encarnación y la resurrección. La vida entera de Jesús fue una continua afirmación de lo que Dios había prometido a la humanidad por medio del pueblo de Israel: liberación, justicia, paz y salvación. La predicación de Jesucristo es un mensaje de esperanza, especialmente para los más pobres y necesitados. Los milagros de Jesús son manifestaciones maravillosas de la presencia de Dios.

Cuando decimos que Cristo Jesús es nuestra esperanza (1 Tm 1:1) afirmamos lo que Dios ha hecho en nuestras vidas por medio de su Hijo. En Jesucristo nuestra relación con Dios, herida y rota por el pecado, ha sido restablecida. Es más, no sólo nuestra amistad ha sido sanada sino que en Jesucristo hemos recibido el regalo invaluable de la vida eterna. Nuestra relación con Dios por medio de Jesucristo nos llena de esperanza porque por medio de la encarnación la naturaleza humana ha sido elevada en su dignidad y por medio de la resurrección ha sido glorificada. San Pablo elocuentemente nos dice que Jesucristo es el primero en resucitar y los que somos suyos le seguiremos (cf. 1 Cor 15:23). Ésa es la razón central de la esperanza del cristiano: que en Jesucristo compartiremos la promesa de la vida nueva porque él ha resucitado.

La relación del cristiano con Dios en Jesucristo no sólo es *fruto* sino también *fuente* única de esperanza. Esto lo podemos entender desde dos perspectivas. Por un lado, gracias a la fe en Jesucristo ahora somos llamados hijos de Dios (cf. Ga 3:26) y como tal Dios nos llena de sus dones y bendiciones. En particular hemos recibido el Espíritu Santo, el regalo propio de los hijos de Dios (cf. Rm 8:15). San Pablo nos recuerda que el Espíritu "*asegura a nuestro espíritu que somos hijos de Dios. Siendo hijos, son también herederos; la herencia de Dios será nuestra y la compartiremos con Cristo. Y si hemos sufrido con él, estaremos con él también en la Gloria*" (Rm 8:16-17). Dios satisface profundamente nuestra esperanza de ser amados. No estamos solos ni tenemos que tener temor sobre lo que significa ser hijos e hijas de Dios. Nuestra esperanza es cada vez más firme porque el Espíritu Santo nos guía en cuanto a lo que debemos decir, lo que debemos saber y cómo debemos actuar (cf. Jn 16:12-15). Por otro lado, la esperanza cristiana nos permite ser signos especiales de la presencia de Dios ante nuestros hermanos y hermanas: "*Ustedes son la sal de la tierra*" (Mt 5:13); "*Ustedes son la luz del mundo*" (Mt 5:14). Como discípulos del Señor, movidos por el Espíritu Santo, damos testimonio de lo que Dios hace en nosotros y obramos como instrumentos de su amor. Todo ser humano tiene el deseo de experimentar el amor. Tal deseo es en sí mismo una oportunidad para el cristiano para compartir no sólo el amor del que somos capaces como seres humanos sino el amor de Dios mediado por el misterio redentor de

Jesucristo que es la razón de nuestra propia esperanza. Al entrar en relación con los demás como mujeres y hombres de fe, nos hacemos instrumentos de esperanza: "*Hagan, pues, que brille su luz ante los hombres; que vean estas buenas obras, y por ello den gloria al Padre de ustedes que está en los Cielos*" (Mt 5:16).

El carácter relacional de la esperanza exige unas palabras sobre la dimensión comunitaria de esta virtud. Tal como dijimos al principio, la esperanza es el don por medio del cual aspiramos al Reino de los cielos y a la vida eterna. La salvación es personal y depende en gran parte de nuestra relación con Dios en Jesucristo. Sin embargo, afirmar que la salvación es personal no quiere decir que es una experiencia exclusivamente individualista ni mucho menos algo que le reste importancia a nuestra vida presente. La virtud teologal de la esperanza nos impulsa a aspirar a la vida eterna con Dios como miembros de la comunidad de fe que llamamos Iglesia. Y como Iglesia comenzamos nuestro camino hacia la eternidad en el aquí y el ahora de nuestra realidad histórica. Tres implicaciones brotan de esta convicción. Primero, la Iglesia es una comunidad de esperanza movida por el Espíritu Santo dentro de la cual celebramos el gozo de ser discípulos del Señor y caminamos hacia una meta común: la salvación. Segundo, la esperanza cristiana será satisfecha plenamente en la vida eterna, pero comienza a vivirse en nuestras relaciones presentes, especialmente siendo signos de esperanza para aquellas personas a nuestro alrededor. Tercero, como pueblo redimido por Cristo, compartimos la certeza de que la promesa de Dios ya se ha cumplido gracias a la resurrección, pero seguimos aspirando a que se haga realidad plenamente cuando la historia llegue a su fin. Es la tensión del *ya pero todavía no* o lo que la tradición cristiana llama la dimensión escatológica de la fe. Digamos algunas palabras sobre dicha dimensión desde la perspectiva de la esperanza cristiana.

Sabemos como cristianos que la promesa de la vida eterna que Dios ha hecho a la humanidad, ya es una realidad gracias a la resurrección de Jesucristo. Sin embargo, todavía aspiramos a participar de esa promesa cuando llegue el momento en el que la gloria de Dios se manifieste definitivamente al final de la historia. La esperanza cristiana nos ofrece la certeza de que, por un lado, ya podemos contar con el objeto de nuestro anhelo, pero por otro, ese objeto no es completamente nuestro todavía. Nuestras vidas son un peregrinar continuo hacia el objeto de nuestra esperanza. No es una esperanza ciega o indeterminada. Sabemos lo que queremos y lo que seremos porque Jesucristo es el primero. En la jornada de nuestras vidas tenemos conocimiento de lo que anhelamos: nos preparamos continuamente para gozar eternamente de la presencia de Dios.

Del conocimiento que se deriva de la fe y la esperanza cristianas, aprendemos que nuestras acciones como discípulos cristianos son de gran relevancia. Lo que hacemos aquí y ahora, nuestras decisiones y nuestros compromisos tienen repercusiones profundas. La esperanza cristiana nos conduce a escoger intencionalmente el camino del bien, la verdad, el amor y la justicia porque Dios es todo ello. Optar intencionalmente por la maldad, la mentira, el odio y la injusticia pone en riesgo nuestra relación con Dios tanto en el presente como en la eternidad. Ésta es la diferencia entre la salvación y la condenación. Dios se ha revelado en la historia como un Dios de amor y justicia que quiere que participemos de su vida divina en la eternidad. Sin embargo, no podemos caer en el pecado de la presunción pensando que la salvación se nos dará sin nuestra participación o sin tener en cuenta nuestras acciones. Tampoco podemos caer en el pecado de la desesperanza pensando que la salvación es inalcanzable o imposible debido a nuestra finitud. Tanto la presunción como la desesperanza son contrarias a la esperanza cristiana.

Jesucristo es la razón de la esperanza cristiana: su encarnación, su vida, sus acciones, sus enseñanzas sobre el Reino de Dios, su pasión y su muerte en la cruz, su resurrección y su presencia en medio de nosotros hasta el final del los tiempos. Ésta es la esperanza que nos mueve día a día, una esperanza que proclamamos a tiempo y a destiempo, una esperanza de la cual debemos dar respuesta cuando nos pidan cuenta de ella (cf. 1 P 3:15).

Preguntas para la reflexión

- *¿Qué le hace feliz?*
- *¿Cómo imagina la vida eterna?*
- *¿De qué manera es usted signo de esperanza para las personas que le rodean?*

ESPERANZA E IDENTIDAD CRISTIANA

En el año 2007 el Papa Benedicto XVI escribió una carta encíclica llamada *Spe Salvi* (Sobre la esperanza cristiana), la cual captura en un lenguaje profundo y pastoral lo que esta virtud significa en la experiencia cristiana contemporánea. Benedicto XVI une su voz a la de innumerables teólogos, educadores, santos y místicos de todos los tiempos para reflexionar sobre la riqueza de esta virtud teologal. Todo cristiano católico contemporáneo debería estar familiarizado con esta carta.

Spe Salvi resalta varios puntos importantes sobre la esperanza cristiana que nos ayudan a reflexionar sobre lo esencial que es esta virtud para hablar de nuestra identidad como discípulos de Jesucristo. Benedicto XVI nos recuerda que de acuerdo con el sentido del Nuevo Testamento, especialmente en el capítulo 10 de la Carta a los Hebreos, la esperanza no puede ser reducida a una simple actitud subjetiva. Es claro que la esperanza sí tiene esta dimensión subjetiva, pero es importante reconocer que "la fe nos da algo. Nos da ya ahora algo de la realidad esperada, y esta realidad presente constituye para nosotros una 'prueba' de lo que aún no se ve".[15] De esta manera, no sólo tenemos la certeza de aspirar a las cosas de Dios, especialmente la vida eterna, sino que en nosotros ya reside parte de esa eternidad por medio de la fe. Esta convicción es más que suficiente para entender lo que somos como cristianos y cómo estamos llamados a vivir en la historia. El futuro ya existe en el presente y el presente en el futuro.

Entre los desafíos más urgentes que encontramos hoy en día para practicar la virtud teologal de la esperanza podemos resaltar el racionalismo y la desesperanza.

Racionalismo. Uno de los dones más importantes que tenemos como seres humanos es nuestra razón. Por medio de la razón somos capaces de conocer la realidad inmediata, podemos interpretarla y entenderla. Por medio de la razón también conocemos, interpretamos y entendemos la Revelación de Dios. La fe entonces presupone la razón y la lleva más allá de sus propios límites. Sin la razón no tendríamos conciencia de ser quienes somos como seres humanos. La razón nos diferencia del resto de la creación visible y nos da la ventaja de reconocer a Dios como Dios.

El ser humano conoce muy bien el poder de la razón y lo que se puede alcanzar con ella: grandes sistemas filosóficos, avances científicos extraordinarios y muchas invenciones que nos ayudan a ejercer cierto control sobre la realidad que nos rodea. Durante la mayor parte de la historia, el ser humano se ha esforzado por mantener un balance saludable entre la razón y las demás dimensiones de la persona, incluyendo la fe. Sin embargo, hoy en día prevalece una tendencia racionalista que ha trastornado dicho balance. La razón se ha encumbrado como el criterio máximo para entender lo que significa ser humano. La razón encumbrada es el medio a través del cual el individuo autónomo que describimos en el capítulo anterior afirma su poder. El individuo racional y autónomo es principio y meta de la realidad. No hay lugar para Dios y su Revelación; mucho menos para un Dios cuyo Hijo muere en la cruz, algo que para los "sabios de este mundo," como diría san Pablo, es algo irracional e insensato (cf. 1 Cor 1:18-19).

La perspectiva racionalista no es exclusiva del ser humano contemporáneo, pues siempre ha sido una posibilidad para mujeres y hombres de todas las épocas. Lo que es nuevo y preocupante es que en los últimos siglos de nuestra historia el racionalismo se ha convertido en la perspectiva dominante en la vida de sociedades enteras, especialmente en el mundo occidental. El racionalismo es el lente privilegiado a través del cual se interpretan la familia, el gobierno, la educación, la formación de valores y la construcción de las estructuras sociales. El racionalismo tiende a ser excluyente de cualquier otra forma de explicación de la realidad. Si la razón puede explicar o interpretar algo, entonces este "algo" se hace normativo; si no lo puede explicar o interpretar, entonces este algo queda reducido a la invalidez o a la irrelevancia. En este contexto, la religión es muchas veces definida como algo irracional y acientífico, con poca relevancia para la vida pública y, en muchos casos, la vida privada.

Desesperanza. Millones de personas hoy en día están convencidas de que una sociedad estable es el resultado exclusivo de decisiones racionales, científicas y políticas. Se nos presentan propuestas políticas que afirman que el pueblo es el que gobierna y que al elegir a unos cuantos líderes estos velarán sinceramente por los intereses de todos. Otras propuestas políticas se presentan como maquinarias gubernamentales o sociales que dicen saber lo que es mejor para todos. Se nos invita a ser parte de sistemas económicos controlados por reglas de competitividad, con frecuencia sin mucha regulación, los cuales prometen que tener más o producir más es la garantía para una vida digna y feliz. Por medio de la ciencia se nos aseguran soluciones a las dolencias que nos aquejan y la superación de casi toda limitación. Los avances tecnológicos nos ofrecen un mundo inmenso de posibilidades que nos dan la sensación de vivir en un estado en el que cada día se cruzan nuevas fronteras. Los grandes avances investigativos y el acceso casi ilimitado a la educación nos invitan a ser dueños de muchas formas de conocimiento y, en cierta manera, a determinar lo qué es verdadero, válido y necesario.

Estas propuestas tienen elementos positivos que nos permiten valorar la capacidad creativa del ser humano y el potencial que tenemos para transformar nuestra realidad. El problema no es la existencia de estas propuestas sino su absolutización. Al absolutizarlas se corre el riesgo de pensar que sólo basta el ser humano y sus capacidades para darle un sentido a nuestras vidas. Cuando estas mismas propuestas fracasan en su intento de explicar la realidad o solucionar los retos que se nos presentan o vencer las limitaciones que encontramos a diario, entonces surge un espíritu de frustración. Los falsos mesianismos caen por sí solos. La experiencia misma nos enseña que el optimismo del racionalismo y la confianza en la ciencia, la filosofía y las estructuras socio-políticas que creamos son limitadas, porque como seres humanos somos limitados. La democracia no siempre representa los intereses de todos; las maquinarias políticas absolutistas como el comunismo o las dictaduras son insuficientes y dañinas; los mismos descubrimientos científicos y tecnológicos que ayer prometieron una vida mejor son usados hoy para destruir la misma vida o para mantenernos distraídos de las realidades urgentes que requieren de nuestra atención inmediata; no todo el mundo tiene acceso a educación de calidad y para sorpresa de muchos hemos descubierto que más acceso a información no significa necesariamente un conocimiento más profundo de la realidad. La otra cara de la moneda del optimismo nacido de la confianza absoluta en el poder de la razón y de las habilidades humanas para controlar el orden creado es la *desesperanza*.

Quizás el efecto más radical de la desesperanza que resulta de promesas fallidas es que millones de personas en nuestras sociedades no ven a Dios, especialmente al Dios mediado por Jesucristo, como una posibilidad real en sus propias vidas. Muchos simple y llanamente no han oído hablar de Dios; otros tienen ideas negativas y tergiversadas de Dios; otros han crecido con la idea de que vivir en relación con Dios contradice el ejercicio de la libertad humana; otros dicen creer en el Dios revelado por Jesucristo, pero ignoran completamente el contenido de la Revelación cristiana. El desencanto ante las limitaciones de nuestras aspiraciones exclusivamente humanas nos ha dejado más vulnerables que nunca. Muchos se encuentran cautivos en un presente sin una esperanza que realmente les satisfaga. Sin tener a Dios como referencia, muchas personas a nuestro alrededor no consideran la Buena Nueva de Jesucristo y la vida eterna como posibilidades que den sentido a sus vidas. Aun así, todas estas personas saben que en lo más íntimo de su ser existe el deseo de algo más allá de sí mismos, algo que los cristianos sin duda alguna reconocemos como Dios.

Ante los retos del racionalismo y la desesperanza, los cristianos tenemos mucho qué decir porque somos mujeres y hombres de esperanza. Somos mujeres y hombres de esperanza cristiana. Gracias a la presencia de Dios en nosotros ya hemos recibido la “prueba” o el anticipo de lo que Dios nos ha prometido y de lo que aspiramos. Por medio de la acción del Espíritu Santo en nuestras vidas, anhelamos compartir la vida de Dios desde ahora en el contexto de nuestra historia presente y en la eternidad. Nuestra identidad cristiana está profundamente marcada por la vivencia intencional de la virtud teologal de la esperanza en la experiencia cotidiana. Sabemos que alguien es auténticamente cristiano cuando refleja en sus palabras y en sus acciones la riqueza de la esperanza cristiana. ¿Cómo percibimos esto en la vida diaria? En *Spe Salvi* Benedicto XVI nos habla de tres “lugares” de aprendizaje y de ejercicio de la esperanza.

El primer lugar es la oración. La oración es ante todo una conversación con Dios en la cual el ser humano abre su intimidad para dejarle conocer a

Dios su propio ser, sus preocupaciones, sus deseos. En la oración Dios nos conoce más profundamente. Aun cuando parezca que el mundo a nuestro alrededor haya abandonado la idea de entrar en relación con Dios, ya sea porque está ensimismado o porque vive en desesperanza, Dios siempre está con nosotros: "Cuando ya nadie me escucha, Dios todavía me escucha. Cuando ya no puedo hablar con ninguno, ni invocar a nadie, siempre puedo hablar con Dios. Si ya no hay nadie que pueda ayudarme –cuando se trata de una necesidad o de una expectativa que supera la capacidad humana de esperar– él puede ayudarme. Si me veo relegado a la extrema soledad...; el que reza nunca está totalmente solo".[16]

El segundo lugar es el actuar y el sufrir. La vida del ser humano se expresa en el diario vivir por medio de nuestras acciones. Para el cristiano, "toda actuación seria... es esperanza en acto".[17] Como mujeres y hombres de fe, seguidores de Jesucristo, lo que hacemos a diario es fruto de la esperanza que ya vivimos. Contemplamos cómo Dios se ha manifestado en el pasado; nos mantenemos alerta en el presente para descubrirle en el aquí y el ahora de nuestras existencias; miramos hacia el futuro con la certeza de que Dios es nuestra meta última. Esta perspectiva integral nos permite vivir con una esperanza firme y duradera. Al mismo tiempo nos permite ser signos de esperanza para quienes nos rodean. Benedicto XVI resalta que "por un lado, de nuestro obrar brota esperanza para nosotros y para los demás; pero al mismo tiempo, lo que nos da ánimos y orienta nuestra actividad, tanto en los momentos buenos como en los malos, es la gran esperanza fundada en las promesas de Dios".[18] Pero es quizás en el sufrimiento en donde nuestro sentido de esperanza es más directamente confrontado. El sufrimiento es parte de nuestra condición humana, una realidad que no podemos evitar. No se trata de buscar el sufrimiento por sí mismo o hacer que otros sufran para llegar a Dios, lo cual contradiría profundamente el mensaje del cristianismo. Se trata más bien de aceptar el sufrimiento que ya experimentamos en medio de nuestra condición finita como "un camino de esperanza".[19] Toda persona tiene la obligación de entrar en relación con el que sufre, aceptándole con amor verdaderamente cristiano y estableciendo vínculos de solidaridad. Ignorar al que sufre y su sufrimiento nos convertiría en una sociedad "cruel e inhumana".[20] Al solidarizarnos con el que sufre, nos hacemos signos de la esperanza que Dios nos comparte y nos llama a vivir. Para ello es imprescindible que seamos testigos de la verdad y la justicia.[21] Ante la ausencia de la verdad y la justicia se acrecienta el sufrimiento de muchos, especialmente de los más vulnerables e inocentes. En la presencia del sufrimiento estamos llamados a actuar: "Sufrir con el otro, por los otros; sufrir por amor de la verdad y de la justicia; sufrir a causa del amor y con el fin de convertirse en una persona que ama realmente, son elementos fundamentales de humanidad, cuya pérdida destruiría al hombre mismo… Digámoslo una vez más: la capacidad de sufrir por amor de la verdad es un criterio de humanidad".[22]

El tercer lugar es la convicción de que al final tomares parte en el Juicio divino. Quizás éste sea el lugar de aprendizaje y ejercicio de la esperanza que menos entiende nuestro mundo contemporáneo. ¿Quién quiere ser juzgado? ¿Quién quiere ser juzgado al final de su vida? ¿Para qué esperar un Juicio final, cuando el ser humano ya es sujeto y medida de la historia? Con seguridad la falta de claridad en relación con el Juicio final se debe a las ideas erróneas y caricaturizadas de lo que este momento será. No es extraño escuchar a muchas personas decir que el castigo del ser humano es su propia existencia terrenal. Tampoco es extraño descubrir que muchas personas imaginan el Juicio como un momento de horror. Al no creer en la justicia divina más allá de nuestra realidad presente y pensar en el Juicio de Dios como algo negativo e incluso destructivo, se pierde el sentido último de la esperanza cristiana. Dios es un Dios de amor y de justicia. El Juicio final es una expresión infinita del amor de Dios por medio de la cual somos invitados a participar en la vida eterna. San Juan de la Cruz nos lo recuerda con palabras poéticas: "A la tarde te examinarán en el amor. Aprende a amar como Dios quiere ser amado, y deja tu condición".[23] Saber que seremos juzgados en el amor de Dios es un signo de esperanza que nos invita a prepararnos adecuadamente para ese encuentro definitivo: "El Juicio de Dios es esperanza, tanto porque es justicia, como porque es gracia".[24] Dios nos está llamando constantemente a la conversión, a moldear nuestras vidas de acuerdo con el mensaje de salvación que nos da por medio de Jesucristo. El juicio final no es otra cosa que la afirmación, en justicia y gracia, de nuestro compromiso con Dios. Para un cristiano fiel cuya vida ha sido moldeada por la verdad del Evangelio, no hay esperanza más realizadora que el encuentro final con Dios: "*Porque para mí la vida es Cristo, y la muerte una ganancia*" (Flp 1:21).

Nuestra sociedad actual necesita con urgencia de mujeres y hombres que vivan auténticamente la virtud teologal de la esperanza cristiana. Por medio de la esperanza damos testimonio de lo que Dios ha hecho en nuestras vidas y esperamos con certeza el cumplimiento de las promesas que Dios nos hizo en Jesucristo. Viviendo la esperanza cristiana como parte de nuestra identidad, somos al mismo tiempo signos de esperanza para los demás, especialmente para aquellas personas en nuestra sociedad que buscan, pero no saben exactamente qué buscan; aquellas personas que anhelan algo más allá de sí mismas y sus propias capacidades, pero no han aprendido a identificar el objeto de su anhelo como Dios. En palabras de Benedicto XVI, al hacernos "capaces de la gran esperanza... nos convertimos en ministros de la esperanza para los demás: la esperanza en sentido cristiano es siempre esperanza para los demás".[25]

Preguntas para la reflexión

- ***¿Qué situaciones de desesperanza encuentra en su familia o en su comunidad? ¿Qué puede hacer usted para hacer frente a esas situaciones?***
- ***¿Por qué es difícil para muchas personas ver el sufrimiento humano como un lugar de aprendizaje y ejercicio de la esperanza cristiana?***
- ***¿Cómo se prepara usted para el Juicio divino?***

TESTIMONIOS DE ESPERANZA

Esperanza en medio de la adversidad

El encuentro de las culturas europeas con las culturas indígenas en el continente americano hace cinco siglos cambió radicalmente el rumbo de la historia moderna para pueblos enteros. Hubiera sido ideal que hoy en día habláramos de dicho encuentro como una conversación entre iguales, en la que cada cultura compartió lo mejor de sí con la otra y ambas ampliaron sus horizontes aceptando respetuosamente a sus interlocutores. Pero no fue así. La realidad es que para muchas comunidades indígenas, la llegada de los colonizadores europeos significó su extinción. Para otras el encuentro significó guerra, esclavitud y destrucción. Para los que sobrevivieron, significó ser parte de procesos de mezcla racial y cultural conocidas como mestizaje (mezcla entre raza blanca y raza indígena) y mulataje (mezcla entre raza blanca y raza negra). Por un lado, dicho encuentro de culturas tristemente reveló el lado oscuro del ser humano cuando es movido por el poder y la ambición. Por otro, la experiencia fue una oportunidad para que muchos de los que fueron parte del proceso, levantaran sus voces inspirados por su fe y surgieran como signos de esperanza.

En medio del proceso de la conquista también se llevó a cabo la "cristianización" de los pueblos recién descubiertos. Tuvo que haber sido una tarea muy difícil anunciar al Dios del amor, de la paz y de la justicia, cuando muchos de los que decían ser sus seguidores decían todo lo contrario con sus acciones. Aun así, el cristianismo se abrió paso. Voces proféticas como la de Bartolomé de las Casas y muchos otros predicadores y teólogos se hicieron sentir en el nuevo mundo. Muchos de los indígenas hicieron suyos los principios del Evangelio y comenzaron a encarnarlo en su propia realidad. Muchos de los cristianos europeos tuvieron la oportunidad de reinterpretar sus convicciones de fe a la luz de una nueva realidad. La experiencia cristiana, fundamentada en Jesucristo esperanza del mundo, se comenzó a vivir en el continente americano en medio de contrariedades. Tomando prestadas las palabras de san Pablo, podríamos decir que allí "*donde abundó el pecado, sobreabundó la gracia*" (Rm 5:20).

El nombre de Hernán Cortés ha pasado a la historia como el de aquel que llevó a cabo la conquista de México y sometió al imperio Azteca. Lo que para Cortés y sus seguidores fue una gran victoria, para los indígenas aztecas significó despojamiento. Uno de los resultados de la conquista de México fue el maltrato y esclavización de los indígenas que quedaron; los vencidos. Muchos de los indígenas no esperaron pasivamente y lucharon continuamente contra la colonización. La violencia y la tensión cultural permeaban las relaciones de quienes ahora se encontraban viviendo juntos en el mismo territorio. Dios habría de enviar a nuestra Señora de Guadalupe como signo de reconciliación y de afirmación de la dignidad de los que estaban sufriendo.

La Virgen no se apareció primero a un obispo o a un conquistador. Se apareció a un indígena llamado Juan Diego, quien aceptó el cristianismo ya en edad adulta. La Virgen era mestiza y habló a Juan Diego en términos familiares. Para Juan Diego, sus hermanos y hermanas indígenas y los cristianos del momento, la Virgen de Guadalupe fue símbolo de un nuevo momento, una nueva creación. La Virgen escogió a un indígena para comunicarle el amor de Dios y afirmar la dignidad de toda persona humana. A pesar de las dificultades, las divisiones y la opresión que su pueblo estaba viviendo, Juan Diego vio en la Virgen de Guadalupe un símbolo de esperanza porque Dios se acuerda de los más débiles y de los que sufren. Él mismo se convertiría en un signo de esperanza para la gente de su época como catequista y evangelizador incansable. La Virgen de Guadalupe fue un signo de esperanza cristiana que reveló que Dios defiende y afirma la dignidad de quien sufre en medio de la adversidad, invita a la conversión a quienes son causa del sufrimiento y nos llama a ser testigos de la esperanza que da vida.

Esperanza de encontrar la verdad

¿Qué otro ejemplo pudiera expresar con más profundidad la idea de esperanza que el amor de una madre? Más allá del idealismo y en medio de las imperfecciones de nuestras relaciones humanas, la mayoría de los seres humanos hemos experimentado lo que significa ser amado por una madre. Una madre desea lo mejor para sus hijos; que cualquier sufrimiento sea pasajero; que cuando tenga que corregir a sus hijos estos tengan la certeza de que su amor es grande y que sus brazos siempre estarán abiertos para un abrazo de reconciliación. El amor de una madre es siempre un amor de esperanza. En el caso de las madres cuyos hijos han desaparecido, su esperanza más profunda es volver a verlos, saber que están bien o al menos saber qué ha ocurrido con ellos. No existen palabras apropiadas para describir esta esperanza. El Evangelio de san Lucas nos habla de la preocupación de María cuando Jesús desapareció (Lc 2:41-51). La historia concluye con un reencuentro familiar en el Templo de Jerusalén. Para las madres y las abuelas de Plaza de Mayo en Argentina o aquellas que vieron a sus hijos desaparecer durante la guerra civil de El Salvador la historia es un tanto distinta.

La historia de Latinoamérica ha sido marcada por una larga lista de absolutismos políticos y militares violentos. Durante la dictadura militar que tuvo lugar en Argentina entre 1976 y 1983, cerca de 30,000 personas desaparecieron, la mayoría de ellas por razones políticas. Entre los desaparecidos se encontraban niños y jóvenes. Algunas mujeres embarazadas fueron llevadas a prisiones en donde daban a luz y no volvían a ver a sus hijos. Sostenidas por su fe y esperando encontrar la verdad, el 30 de abril de 1977 un grupo de catorce madres se reunieron en la Plaza de Mayo en Buenos Aires, un lugar bastante concurrido de la capital argentina, con el propósito de marchar pacíficamente pidiendo al gobierno información sobre sus hijos. En octubre del mismo año, un grupo de abuelas comenzaría a hacer lo mismo. Así nacieron la *Asociación Madres de Plaza de Mayo* y la *Asociación Abuelas de Plaza de Mayo*. Al principio pocos escucharon sus clamores. Como grupo fueron desprestigiadas, insultadas e incluso algunas de ellas desaparecieron. Los grupos se mantuvieron y crecieron rápidamente. Su motivación desde el principio ha sido hallar la verdad sobre sus hijos y sus nietos, una búsqueda que se hizo esperanza realizada para aquellas madres y abuelas que lograron saber algo sobre sus hijos. Para las que todavía siguen buscándolos es una esperanza que busca realización. El secuestro de niños y el asesinato de opositores políticos nunca deberían ser usados como armas de guerra o represión política, es la consigna de estas madres. Aunque muchas de ellas saben que la búsqueda les puede llevar al doloroso encuentro con la verdad de la muerte de sus hijos, ellas simplemente quieren que esa verdad reluzca. La búsqueda de la verdad es para ellas un camino de esperanza.

Un movimiento similar existe en El Salvador liderado por *Pro-Búsqueda*. La organización comenzó en 1993, bajo la iniciativa del sacerdote jesuita Jon Cortina y varias familias cuyos hijos desaparecieron o fueron secuestrados cuando eran niños durante la guerra civil de El Salvador (1980-1992). Muchos de estos niños fueron dados en adopción en distintos países por parte de agentes del gobierno y algunas autoridades militares de la época. Los niños y sus familias quedarían profundamente marcados por estos hechos. *Pro-Búsqueda* trabaja en la ardua tarea de hacer que se encuentren muchos de estos niños, hoy en día adultos, y las familias de donde fueron tomados. Después de varias décadas de vivir en separación, la gran mayoría de quienes han sido encontrados, siguen adelante con sus vidas aunque algunos tratan de establecer algún tipo de relación con aquellos familiares que acaban de descubrir, especialmente sus padres. Para las familias, para quienes trabajan en este proceso y para quienes han sido encontrados, lo importante es conocer la verdad, pues saber la verdad es un signo de justicia y esperanza.

Para las madres y las abuelas de la Plaza de Mayo y estas familias salvadoreñas la esperanza tiene un rostro: sus hijos. También tiene un propósito: descubrir la verdad de lo qué ocurrió con ellos y llevarla a la luz pública. La búsqueda de la verdad es un compromiso que comienza en el aquí y el ahora de nuestra experiencia diaria, llenándonos de esperanza liberadora. Dicho compromiso coincide con nuestra búsqueda del Dios de la verdad, quien nos hace partícipes de una esperanza más grande que apunta hacia la eternidad.

Esperanza de igualdad y liberación

Los primeros dos artículos de la Declaración Universal de Derechos Humanos, escrita en 1948, establecen que:

> **Artículo 1.** Todos los seres humanos nacen libres e iguales en dignidad y derechos y, dotados como están de razón y conciencia, deben comportarse fraternalmente los unos con los otros.
>
> **Artículo 2.** Toda persona tiene los derechos y libertades proclamados en esta Declaración, sin distinción alguna de raza, color, sexo, idioma, religión, opinión política o de cualquier otra índole, origen nacional o social, posición económica, nacimiento o cualquier otra condición. Además, no se hará distinción alguna fundada en la condición política, jurídica o internacional del país o territorio de cuya jurisdicción dependa una persona, tanto si se trata de un

> país independiente, como de un territorio bajo administración fiduciaria, no autónomo o sometido a cualquier otra limitación de soberanía.

Dichas palabras son un eco del texto de la Declaración de Independencia de los Estados Unidos, escrita en 1776:

> Sostenemos como evidentes estas verdades: que todos los hombres son creados iguales; que son dotados por su Creador de ciertos derechos inalienables; que entre éstos están la vida, la libertad y la búsqueda de la felicidad...

Generaciones de mujeres y hombres en los Estados Unidos de América han luchado continuamente por hacer realidad estas convicciones, aunque la lucha no siempre ha sido perfecta. En el siglo XIX la joven nación estuvo a punto de dividirse en dos por una guerra civil en la que uno de los asuntos en disputa era la esclavitud. Algunos estaban en contra; otros a favor, aun cuando la misma Declaración de Independencia señalaba la igualdad de todos sus habitantes. Al centro de la contienda estaban los afroamericanos, descendientes de los esclavos africanos traídos durante la colonia, quienes sufrirían durante mucho tiempo la opresión y marginalización, irónicamente, en la tierra de la libertad. La guerra civil llegó a su fin en 1865 y la Constitución del país fue enmendada para abolir la esclavitud. Fue una gran victoria en aquel momento. Lamentablemente, la situación social y política de los afroamericanos seguiría siendo deplorable por otro siglo. Distintas leyes alrededor del país, especialmente en los estados del sur, prohibían a los afroamericanos votar, acceder a ciertos trabajos, involucrarse en la vida política, acceder a la gran mayoría de los centros educativos e incluso tener propiedades privadas. Esto llevó a una segregación racial radical amparada por leyes injustas. En asuntos legales o casos criminales con frecuencia se asumía que el afroamericano era culpable. Dicho prejuicio sirvió como excusa para perpetuar abusos e incluso ejecuciones ilegales. A nivel religioso, los cristianos afroamericanos fueron segregados en sus propias iglesias y en la mayoría de los casos no podían ejercer liderazgo en congregaciones que no fueran constituidas por personas negras. Por décadas la gran mayoría de seminarios católicos y congregaciones religiosas en el país no aceptaron afroamericanos. A nivel socio-cultural los afroamericanos vivían en las márgenes de la sociedad y eran considerados casi invisibles. La razón de todas estas injusticias se reducía básicamente al color de su piel.

El que la opresión sistemática de todo un grupo de ciudadanos por razón de su raza ocurriera en una nación como los Estados Unidos, nos recuerda los riesgos del racionalismo extremo. Aún más impactante es el hecho de que la mayoría de la población en el país se reconocía a sí misma como cristiana. La esclavitud y la discriminación racial con frecuencia fueron justificadas usando textos bíblicos y otros recursos de la tradición cristiana. Sin embargo, fue en esos mismos recursos que millones de afroamericanos encontraron la esperanza y la fuente para denunciar su situación con voz profética. Jesucristo llamó a sus discípulos al amor, a la verdad y a la justicia. Bajo ningún motivo un cristiano debería justificar algo contrario a ello desde la perspectiva de su fe. Si ser cristiano exigía reconocer el rostro de Cristo en el que sufre, en el oprimido y en el más vulnerable, los afroamericanos eran ese rostro para los estadounidenses y muchos, desgraciadamente, optaron por ignorarlo. La justificación del racismo fue, y lo sigue siendo, un pecado grave, una negación del amor de Dios. Personas y movimientos proféticos anunciaron la verdad de este mensaje durante varias décadas, muchos pagando un precio alto. Pero la proclamación de la igualdad y la justicia tenían que hacerse a tiempo y a destiempo, creando una conciencia nacional. Muchos perseveraron y sus esfuerzos dieron fruto a través del movimiento por los derechos civiles, surgido a mediados del siglo XX.

El movimiento por los derechos civiles tuvo muchas facetas: políticas, sociales, culturales y religiosas. Sirvió como plataforma para reflexionar sobre los derechos de los afroamericanos y de otros grupos marginados cuya presencia era esencial dentro del tejido social y cultural de la sociedad estadounidense: los latinos, los asiáticos, los indígenas norteamericanos. También sirvió como catalizador para hablar sobre los derechos de las mujeres en algunos sectores. El movimiento rápidamente se convirtió en una fuente de esperanza para una comunidad que había padecido sufrimientos injustos. Muchos de sus líderes fueron mujeres y hombres inspirados por el mensaje cristiano, un mensaje de justicia e igualdad que invita a ser instrumentos del Reino de Dios en el aquí y el ahora de la historia. Para quienes vivimos en el siglo XXI con frecuencia la primera imagen que viene a nuestra mente al hablar del movimiento por los derechos civiles es la del Reverendo Martin Luther King, Jr. El Dr. King fue un pastor Bautista comprometido de lleno con la causa de los derechos de los afroamericanos en los Estados Unidos. Sirvió como líder de varias organizaciones, fue encarcelado por su participación en protestas y se caracterizó por la profundidad de sus sermones, cartas y discursos. Uno de los discursos que más impacto ha tenido en la historia reciente de los Estados Unidos fue pronunciado por el Dr. King en 1963 bajo el título "Tengo un sueño". En este discurso, profundamente impregnado de lenguaje bíblico, encontramos uno de las articulaciones más hermosas de lo que significa tener esperanza:

> ...Hoy les digo a ustedes, amigos míos, que a pesar de las dificultades del momento, yo aún tengo un sueño. Es un sueño profundamente arraigado en el sueño "americano".
>
> Sueño que un día esta nación se levantará y vivirá el verdadero significado de su credo: "Afirmamos que estas verdades son evidentes: que todos los hombres son creados iguales".
>
> Sueño que un día, en las rojas colinas de Georgia, los hijos de los antiguos esclavos y los hijos de los antiguos dueños de esclavos, se puedan sentar juntos a la mesa de la hermandad.
> Sueño que un día, incluso el estado de Misisipí, un estado que se sofoca con el calor de la injusticia y de la opresión, se convertirá en un oasis de libertad y justicia.
>
> Sueño que mis cuatro hijos vivirán un día en un país en el cual no serán juzgados por el color de su piel, sino por los rasgos de su personalidad.
>
> ¡Hoy tengo un sueño!

Sueño que un día, el estado de Alabama cuyo gobernador escupe frases de interposición entre las razas y anulación de los negros, se convierta en un sitio donde los niños y niñas negras, puedan unir sus manos con las de los niños y niñas blancas y caminar unidos, como hermanos y hermanas.

¡Hoy tengo un sueño!

Sueño que algún día los valles serán cumbres, y las colinas y montañas serán llanos, los sitios más escarpados serán nivelados y los torcidos serán enderezados, y la gloria de Dios será revelada, y se unirá todo el género humano.

Esta es nuestra esperanza. Esta es la fe con la cual regreso al Sur. Con esta fe podremos esculpir de la montaña de la desesperanza una piedra de esperanza. Con esta fe podremos trasformar el sonido discordante de nuestra nación, en una hermosa sinfonía de fraternidad. Con esta fe podremos trabajar juntos, rezar juntos, luchar juntos, ir a la cárcel juntos, defender la libertad juntos, sabiendo que algún día seremos libres.

Ése será el día cuando todos los hijos de Dios podrán cantar el himno con un nuevo significado, "Mi país es tuyo. Dulce tierra de libertad, a ti te canto. Tierra de libertad donde mis antepasados murieron, tierra orgullo de los peregrinos, de cada costado de la montaña, que repique la libertad". Y si Estados Unidos ha de ser grande, esto tendrá que hacerse realidad.

Por eso, ¡que repique la libertad desde la cúspide de los montes prodigiosos de Nueva Hampshire! ¡Que repique la libertad desde las poderosas montañas de Nueva York! ¡Que repique la libertad desde las alturas de las Alleghenies de Pensilvania! ¡Que repique la libertad desde las Rocosas cubiertas de nieve en Colorado! ¡Que repique la libertad desde las sinuosas pendientes de California! Pero no sólo eso: ¡Que repique la libertad desde la Montaña de Piedra de Georgia! ¡Que repique la libertad desde la Montaña Lookout de Tennesse! ¡Que repique la libertad desde cada pequeña colina y montaña de Misisipí! "De cada costado de la montaña, que repique la libertad".

Cuando repique la libertad y la dejemos repicar en cada aldea y en cada caserío, en cada estado y en cada ciudad, podremos acelerar la llegada del día cuando todos los hijos de Dios, negros y blancos, judíos y cristianos, protestantes y católicos, puedan unir sus manos y cantar las palabras del viejo espiritual negro: "¡Libres al fin! ¡Libres al fin! Gracias a Dios omnipotente, ¡somos libres al fin!"

El Dr. King murió asesinado en 1968. Sus palabras de esperanza siguen haciendo eco en la memoria no sólo de los afroamericanos en los Estados Unidos sino también en la de todas aquellas personas que sueñan con un mundo en donde reinen la igualdad y la libertad. Éste es, sin lugar a duda, un sueño fundamentalmente cristiano.

Preguntas para la reflexión

- ***¿Qué le llamó la atención del testimonio de san Juan Diego?***
- ***¿Qué le llamó la atención del testimonio de las madres y familias que buscan a sus hijos perdidos?***
- ***¿Qué le llamó la atención del testimonio de Martin Luther King, Jr.?***

PRÁCTICAS DE ESPERANZA

La vida práctica del discípulo de Jesucristo ha de ser una afirmación constante de la esperanza cristiana en la vida diaria. Por medio de nuestras acciones los cristianos hacemos posible que el Reino de Dios sea razón de esperanza tanto para nosotros mismos como para las personas que nos rodean, especialmente las más necesitadas. Ser cristiano es ser signo de esperanza. Como tal, somos signos de esperanza a través de nuestra oración, nuestras celebraciones y nuestros compromisos. Veamos algunas prácticas inspiradas en los valores del Evangelio, las cuales nos invitan a reflexionar sobre la riqueza de la esperanza cristiana como don de Dios.

El Adviento

El comienzo de un nuevo año es siempre una oportunidad para evaluar y para planear. Miramos atrás para identificar qué aspectos de nuestra vida necesitan revisión o cambio. Al mirar hacia adelante, tenemos la confianza de que hay esperanza de mejorar en nuestras vidas, aspirar a las metas que todavía no hemos logrado y trazarnos nuevas metas. Todas las culturas tienen prácticas y tradiciones que les ayudan a evaluar y planear el nuevo año.

La Iglesia también hace lo mismo. Sin embargo, la Iglesia tiene su propio calendario. Como comunidad de fe seguimos el *año litúrgico*. Mientras que para la mayoría de las personas en nuestras sociedades occidentales, el nuevo año comienza en enero, para la Iglesia el año litúrgico comienza cuatro semanas antes de la celebración de Navidad. Este período que precede la Navidad se conoce como "Adviento".

La palabra "Adviento" significa "advenimiento" o "venida inminente". Durante este tiempo recordamos la promesa que el Señor hizo a sus discípulos: que vendrá de nuevo en gloria (cf. Mt 24:27; 1 Cor 15:23; 1 Ts 4:15). A esta venida tradicionalmente la conocemos con el término griego *parusía* que significa "presencia" o "manifestación". La parusía será una experiencia en la que Jesucristo será confirmado en su señorío, su Reino se establecerá definitivamente y él será "*todo en todos*" (cf. Col 3:11). Para el cristiano la venida del Señor no es una razón para temer. Todo lo contrario. Es algo que anhelamos desde lo más profundo de nuestro ser porque nuestra esperanza es participar definitivamente de la redención del Señor. Incluso el orden creado anhela la manifestación última de Jesucristo:

> *Estimo que los sufrimientos de la vida presente no se pueden comparar con la Gloria que nos espera y que ha de manifestarse. El universo está inquieto, pues quiere ver lo que verdaderamente son los hijos e hijas de Dios. Pues si la creación está sometida a lo*

efímero, no es cosa suya, sino de aquel que le impuso este destino. Pero le queda la esperanza; porque el mundo creado también dejará de trabajar para el polvo, y compartirá la libertad y la gloria de los hijos de Dios. Vemos que la creación entera gime y sufre dolores de parto. Y también nosotros, aunque ya tengamos el Espíritu como un anticipo de lo que hemos de recibir, gemimos en nuestro interior mientras esperamos nuestros derechos de hijos y la redención de nuestro cuerpo. Estamos salvados, pero todo es esperanza. ¿Quieres ver lo que esperas? Ya no sería esperar; porque, ¿quién espera lo que ya tiene a la vista? Esperemos, pues, sin ver, y lo tendremos, si nos mantenemos firmes (Rom 8:18-25).

La Iglesia comienza su año litúrgico en actitud de oración y expectativa por medio del Adviento. Es una época especial en la cual estamos invitados a hacer un inventario de nuestras aspiraciones como mujeres y hombres de fe. El Adviento es un tiempo para afirmar la esperanza que da sentido a nuestras vidas. Sin embargo, dicha actitud de esperanza no se limita a esta época del año litúrgico, sino que ha de ser una actitud constante y permanente: "*Por eso, estén también ustedes preparados, porque el Hijo del Hombre vendrá a la hora que menos esperan*" (Mt 24:44).

Comisiones para la verdad y la reconciliación

La humanidad ha sido testigo a lo largo de la historia de momentos de grandiosidad y momentos de crueldad, momentos de alegría y momentos de tristeza, momentos de luz y momentos de oscuridad. Gracias a la era de las comunicaciones, hemos aprendido bastante sobre las luces y las sombras de nuestra época, lo cual nos permite entender mejor la realidad en que vivimos. Es nuestra responsabilidad celebrar las luces que hacen que podamos vivir más humanamente; es nuestra obligación denunciar las sombras que impiden que mujeres y hombres en todas partes vivan su existencia en plenitud.

El sufrimiento de millones de personas alrededor del mundo ha sido puesto en evidencia gracias al esfuerzo de personas que han dedicado su vida a la búsqueda de la verdad. Muchas de estas personas son inspiradas por el ejemplo de Jesucristo y el mensaje del Evangelio. Individuos, organizaciones, comunidades de fe y gobiernos han unido esfuerzos para denunciar las atrocidades de guerras injustificadas, sistemas racistas y discriminatorios, dictaduras brutales, movimientos políticos radicales y fundamentalistas, etc. En las últimas décadas, estos esfuerzos se han canalizado en varios países por medio de *comisiones para la verdad y la reconciliación.*

Las comisiones para la verdad y la reconciliación se han establecido especialmente en contextos en los que las estructuras de violencia e injusticia permean la organización completa de una sociedad. Entre los casos más conocidos tenemos las comisiones que denunciaron las injusticias del Apartheid en Sudáfrica, la dictadura de Augusto Pinochet en Chile, y las atrocidades durante la guerra civil en El Salvador. Muchas otras comisiones de este tipo se han establecido en todos los continentes y otras más se establecerán. Una de las razones principales por las cuales se crean estas comisiones es para evitar que grandes crímenes queden en el olvido. Las comisiones buscan crear estructuras de sanación y reconciliación que conduzcan a la reconstrucción social a partir de prácticas de transparencia y verdad. Se trata de un proyecto ciertamente ambicioso.

Las comisiones son ante todo espacios en los que las víctimas de crímenes y situaciones de injusticia a gran escala cuentan sus historias, con sus propias palabras y en sus propios términos. Lo que se busca ante todo es un cambio estructural que impida que la historia se repita. Contar las historias de sufrimiento es el primer paso hacia una transformación impulsada por el encuentro con la verdad. No una verdad maquillada o acomodada a los intereses de quienes desean ocultarla, sino una verdad revelada por medio de historias reales que invitan a la solidaridad. En las comisiones para la verdad y la reconciliación, quienes han perpetrado crímenes también hablan de sus acciones y los motivos que los llevaron a cometerlos. Las historias recogidas se conservan como testimonio público del potencial del ser humano de causar dolor al desconocer la humanidad de su hermano o hermana. Estas historias se convierten en parte de la memoria de los pueblos con el propósito de crear conciencia y establecer sistemas de justicia que funcionen verdaderamente para todos, protegiendo especialmente a los inocentes y los más vulnerables dentro de la sociedad.

Aunque las comisiones de verdad y reconciliación tienen un carácter independiente en relación con organizaciones religiosas, muchas de las personas que las promueven, apoyan y participan en ellas están profundamente influenciadas por los valores cristianos. Nada más cristiano, ciertamente, que ser testigos de la verdad y de la reconciliación. Ambos conceptos se encuentran al centro de la identidad del discípulo de Cristo. La presencia de la verdad y la posibilidad de la reconciliación generan un sentido especial de esperanza. Todo cristiano está llamado a vivir de acuerdo con la verdad, porque la verdad nos hace libres (cf. Jn 8:32). Todo cristiano está llamado a ser testigo de la reconciliación porque en Cristo hemos sido reconciliados (cf. Col 1:22). Cada familia, cada comunidad de fe, cada grupo deberían ser comisiones permanentes de verdad y reconciliación. Cuando nuestras relaciones son evaluadas continuamente bajo el criterio de la verdad, surge la esperanza de una liberación que da vida. Cuando en nuestras relaciones hay espacio para la reconciliación, surge la esperanza de que, a pesar de nuestras limitaciones, podemos construir un mundo mejor.

Actitudes en favor de la vida

El Dios de la Revelación judeocristiana es un Dios que ama la vida. Dios es el autor y la fuente de toda forma de vida que existe en el orden creado. Para los cristianos ésta es una de las convicciones más profundas dentro de la experiencia de fe que da sentido a nuestro actuar. La relación íntima entre las tres personas de la Trinidad –Padre, Hijo y Espíritu Santo– es la fuente y modelo de toda vida. Dentro del orden creado Dios concede un lugar privilegiado al ser humano. Por consiguiente, la vida del ser humano, imagen y semejanza misma de Dios (cf. Gn 1:27), es reflejo continuo de Dios mismo, signo único de su presencia.

Hoy más que nunca es urgente que los cristianos protejamos y valoremos la vida del ser humano en todo momento. Partimos de la convicción de que la vida comienza desde el momento mismo de la concepción y culmina con la muerte natural. Esto nos lleva a permanecer atentos a cualquier amenaza contra el don más preciado que tenemos. Entre las amenazas más comunes en nuestra sociedad encontramos el homicidio, la guerra, el aborto, la eutanasia, el suicidio y la pena de muerte. A estas amenazas hay que añadir todas aquellas circunstancias que acortan o degradan la vida y la dignidad de millones de personas alrededor del mundo, especialmente la de los más vulnerables y necesitados. Entre estas circunstancias hemos de resaltar la pobreza material, la falta de acceso a servicios adecuados de salud, la escasez de programas de educación que ayuden a comunidades enteras a buscar mejores condiciones de vida, la explotación de mujeres y hombres por medio de trabajos degradantes, condiciones permanentes de violencia, y los riesgos que muchos inmigrantes tienen que enfrentar cruzando fronteras, mares y desiertos en búsqueda de una vida mejor. Todas éstas son amenazas directas contra la vida.

Una amenaza a la vida que exige la atención de todo cristiano hoy en día es la posible destrucción del medio ambiente. Al no cuidar nuestro planeta estamos poniendo en riesgo el único espacio conocido en el que podemos existir como seres vivientes. La destrucción del medio ambiente por parte de las acciones del mismo ser humano no es sólo una posibilidad, sino una de las amenazas más inminentes en nuestra realidad contemporánea. Como cristianos estamos llamados a ser conscientes del valor del orden creado en cuanto que es un don de Dios que hemos de cuidar con amor. Cuidar del medio ambiente es al mismo tiempo un ejercicio de responsabilidad para nosotros mismos.

La presencia de las anteriores amenazas exige que adoptemos un compromiso pro-vida integral. En ciertos momentos es necesario que afirmemos una instancia en favor de la vida más que otra dependiendo de las circunstancias, pero eso no indica que las demás instancias dejan de tener su debida importancia. Es indispensable que el creyente cristiano sea coherente en relación con su compromiso en favor de la vida. Dicha coherencia se actualiza sólidamente cuando nuestras voces y nuestras reflexiones llaman la atención hacia todas aquellas circunstancias en las cuales el don de la vida no es afirmado debidamente.

El don más preciado que tenemos como seres humanos es la vida. Y como cristianos se nos ha revelado que la vida es un don de Dios. No hay que ir muy lejos para descubrir cómo la conciencia del valor de la vida es una de las mayores fuentes de esperanza en nuestro diario vivir: cuando esperamos el nacimiento de un bebé, cuando anhelamos la recuperación después de una larga enfermedad, cuando celebramos la longevidad de nuestros mayores. El amor y el respeto por la vida física es la antesala a la vida eterna que también es don divino. Para el cristiano la vida es esperanza, aquí en el presente de la vida terrenal y en el futuro de la vida eterna en la presencia infinita de Dios.

Voces proféticas de esperanza

Las relaciones sociales en la mayoría de nuestras sociedades contemporáneas están significativamente determinadas por acuerdos económicos forjados, la mayoría de veces, dentro del sistema de economía de mercado. Seguramente términos tales como "mercado libre" o "economías de mercado" o "naciones desarrolladas y naciones en vías de desarrollo" o "leyes de Wall Street" son parte de nuestro vocabulario cotidiano. Todos estos términos y sus sinónimos nos recuerdan que las decisiones relacionadas con la economía tienen un efecto real en la vida ordinaria de la gente, tanto a nivel local como global.

El desarrollo económico puede ser un signo de esperanza para toda sociedad, siempre y cuando ese desarrollo beneficie a todos sus miembros, especialmente a los más vulnerables. Sin embargo, al mismo tiempo en que las economías de libre mercado generan grandes cantidades de recursos económicos, la brecha entre los que tienen y los que no tienen es sumamente amplia. Aunque la riqueza se ha incrementado exponencialmente en varias partes del mundo, la pobreza sigue siendo el modo de vida de la mayor parte de la humanidad. Con la pobreza se agravan situaciones tales como la violencia, el acceso limitado a la educación, la falta de servicios de salud, la inestabilidad política y el estancamiento social. Cuando el desarrollo de las naciones sólo beneficia a unos pocos, hablar de crecimiento económico se convierte en signo de desesperanza para los muchos que no disfrutan de este beneficio.

El cristianismo no es ajeno a las conversaciones sobre la mejor manera de usar nuestros recursos económicos. El mismo Nuevo Testamento nos ofrece varias ideas en este sentido: "*Ustedes no pueden servir al mismo tiempo a Dios y al dinero*" (Mt 6:24); "*Devuelvan al César las cosas del César, y a Dios lo que corresponde a Dios*" (Mc 12:17); "*¿De qué le sirve a uno si ha ganado el mundo entero, pero se ha destruido a sí mismo?*" (Mc 8:36); "*Debes saber que la raíz de todos los males es el amor al dinero…*" (1 Tm 6:10a); "*vendían sus bienes y propiedades y repartían después el dinero entre todos según las necesidades de cada uno*" (Hch 2:45), entre otros. Existen numerosos ejemplos en la historia del cristianismo en los cuales encontramos a mujeres y hombres de fe argumentando en favor del buen uso de los recursos económicos, especialmente cuando se tiene conciencia de personas que viven a nuestro alrededor y que tienen poco o nada. En el último siglo la articulación de la Doctrina Social de la Iglesia ha contribuido de manera significativa a la reflexión sobre cómo las relaciones económicas deben estar profundamente informadas por valores que afirmen la dignidad de todo ser humano y el bien común.

Los cristianos tenemos la responsabilidad única de *decir* y *hacer* algo a la luz de nuestra fe en relación con las dinámicas económicas de los pueblos. Es en estas circunstancias que ser signo de esperanza exige un compromiso profético. En 1986 los obispos católicos de los Estados Unidos escribieron una carta pastoral sobre la relación entre la Doctrina Social de la Iglesia y la economía estadounidense. La carta se tituló *Justicia económica para todos*, la cual se convirtió inmediatamente en un signo de esperanza para los cristianos preocupados por los efectos negativos de prácticas que dejan rezagadas, en ocasiones abandonadas, a millones de personas en nuestro sistema económico. Los obispos insistieron en que las decisiones económicas tienen que afirmar la dignidad de toda persona como parte de una comunidad: "la economía debe servir a la gente y no al revés"[26]; que el bien común es responsabilidad de todos; que nadie debe ser excluido de participar en la vida económica de la sociedad; que todos los miembros de la sociedad tienen una obligación especial hacia los más pobres y vulnerables; que todos tenemos que proteger los derechos humanos como la más mínima condición para vivir en comunidad; que afirmar la dignidad de la persona y proteger los derechos humanos son parte de la responsabilidad moral de las instituciones públicas y privadas. Nuestra misión como cristianos es construir comunidades de esperanza para todos:

> *La búsqueda de la justicia económica y social siempre tendrá que compaginar la esperanza con el realismo, y hay que renovar la lucha en cada generación. Esto significa llevar a cabo un diagnóstico de aquellas situaciones que siguen enajenando el mundo del amor creador de Dios y al mismo tiempo presentar alternativas de esperanza que surgen de la experiencia de vivir en una creación renovada. Dicha búsqueda nace de la fe y se mantiene por la esperanza mientras procura hablar a un mundo quebrantado de la justicia y del amor misericordioso de Dios.*[27]

Muchos otros documentos proféticos se han escrito en las últimas décadas, enfocándose en asuntos de justicia económica, invitando a los cristianos a actuar de manera más intencional en este sentido. Varias conferencias episcopales en Latinoamérica, Asia y África, en donde viven la mayoría de los católicos del mundo (desafortunadamente en condiciones de pobreza), nos ofrecen ejemplos claves de voces proféticas dando esperanza a quienes tienen grandes necesidades y a quienes trabajan por cambiar su condición. Varios movimientos teológicos en distintas partes continúan anunciando la esperanza de que el Reino de Dios es un Reino de justicia que requiere que denunciemos la pobreza y la exclusión como situaciones contrarias al Plan de Dios. Miles de cristianos dedican sus vidas a ayudar a los más pobres entre los pobres como misioneros, maestros, organizadores comunitarios, trabajadores de la salud, escritores, pensadores y líderes de comunidades de fe. Otros ponen sus recursos al servicio de buenas obras a través de la filantropía, financiando proyectos y apoyando iniciativas que buscan hacer una diferencia verdadera.

El don de la esperanza cristiana consiste en anhelar las cosas de Dios y en última instancia la vida eterna. Comenzamos a vivir de acuerdo con este don en el aquí y el ahora de nuestra propia realidad, primordialmente cuando sabemos que la desigualdad económica extrema que nos rodea es contraria a la justicia y al amor que nos llama el Evangelio. El don de la esperanza por medio del cual vivimos como cristianos nos impulsa a *decir* y a *hacer* algo. Lo que digamos y hagamos es al mismo tiempo esperanza para las personas que viven en la pobreza. Para ellas nosotros como discípulos de Jesucristo somos signos de la esperanza de Dios. Ciertamente una gran responsabilidad.

Preguntas para la reflexión

- ***¿Cómo puede crecer usted en su compromiso por la vida?***
- ***¿Qué puede hacer usted en su familia y su comunidad para que la verdad y la reconciliación sean signos de esperanza en la vida diaria?***
- ***¿Qué circunstancias alrededor suyo, ya sea en su familia o en su comunidad, exigen que usted sea una voz profética de esperanza?***

CONCLUSIÓN

El cristianismo es una tradición de fe que afirma que el bien, la verdad y el amor son posibles porque Dios es bien, verdad y amor. Como seres humanos, creados a imagen y semejanza de Dios, tenemos la capacidad de Dios. Allí radica la esperanza no sólo del creyente sino de todo ser humano. Para el cristiano, la esperanza siempre es posible porque Dios ha salido a nuestro encuentro en la historia por medio de Jesucristo. Eso nos da una firme certeza. La virtud teologal de la esperanza nos permite reconocer que Dios nos llama a vivir nuestro potencial como hijos suyos, tanto en la historia como en la plenitud de la eternidad. Tal es el anhelo infinito que mueve nuestras vidas. Como discípulos de Jesucristo, ponemos la confianza en el Dios de la Revelación y esperamos encontrarle en todo momento de nuestras vidas, especialmente cuando buscamos o cuando somos instrumentos del bien, la verdad y el amor.

Capítulo 3

¿Me amas?

Si nos preguntaran cuál palabra puede resumir el sentido más profundo de nuestra fe, la mayoría de los cristianos coincidiríamos en que dicha palabra es *amor.* Como cristianos estamos llamados a ser expertos en el amor, porque el Dios en que creemos, el cual Jesucristo nos ha revelado de manera plena, "*es amor*" (1 Jn 4:8). Porque fuimos creados a imagen y semejanza de Dios, somos capaces de amar. Como imágenes de Dios, reflejamos la infinitud del amor divino en la finitud de nuestras relaciones. Nuestras relaciones siempre deben ser una expresión de la presencia de Dios en la vida diaria. Dios se hace uno de nosotros porque nos ama: "*¡Así amó Dios al mundo! Le dio al Hijo Único, para que quien cree en él no se pierda, sino que tenga vida eterna*" (Jn 3:16). El amor de Dios en Jesucristo es un amor que va hasta el extremo de dar lo más preciado que se tiene, la vida: "*Este es mi mandamiento: que se amen unos a otros como yo los he amado. No hay amor más grande que dar la vida por sus amigos, y son ustedes mis amigos si cumplen lo que les mando*" (Jn 15:12-14). Las Sagradas Escrituras en su totalidad pudieran leerse como un drama continuo en el cual Dios ofrece su amor a la humanidad. En ese drama, mujeres y hombres de todos los tiempos hacemos lo mejor por entender lo que se nos ofrece. Muchas veces aceptamos ese amor aunque somos conscientes de la fragilidad del tesoro recibido: "*llevamos este tesoro en vasos de barro, para que esta fuerza soberana se vea como obra de Dios y no nuestra*" (2 Cor 4:7). Otras veces rechazamos el amor de Dios, cuando el pecado domina nuestras vidas. En la experiencia del discipulado cristiano el amor y la fe están íntimamente interrelacionados. Sin amor, ¿cómo podemos ser testigos auténticos de nuestra fe en el Señor? Sin fe en el Señor, ¿cómo podemos amar con autenticidad, especialmente cuando se nos pide más de lo que humanamente podemos dar?

Nuestra época actual se encuentra inmersa en una crisis profunda de amor. Ésta es una excelente oportunidad para que los cristianos reluzcamos como expertos en el arte de amar gracias a la fe que nos identifica y la esperanza que nos mueve. Las sociedades occidentales, supuestamente permeadas por el cristianismo, niegan con frecuencia la idea del amor cristiano con acciones que reflejan exactamente lo contrario. Nada más contrario al amor cristiano que la guerra, el abandono de los más necesitados, la muerte de los inocentes y los vulnerables, la explotación de los pobres, el considerar a otro ser humano como desechable y la destrucción de la naturaleza. Éstos son tan sólo unos ejemplos de los antivalores que predominan en muchos de nuestros contextos, antivalores que no permiten que el amor que propone el cristianismo se haga vida. No se trata de una ausencia total del amor ni de un rechazo de lo que el amor es, pues ello exigiría que dejáramos de ser humanos. Todos los seres humanos tenemos la capacidad de amar y anhelamos ser amados. La crisis radica más bien en que hemos perdido la brújula que nos indica qué es el amor. Vivimos en una confusión en medio de la cual tendemos a reducir la grandeza del amor a la pequeñez de lo inmediato, lo material y lo pasajero.

El cristianismo sigue siendo hoy en día una propuesta de amor válida para las mujeres y los hombres de todas las edades y todas las culturas. El amor del que nos habla el cristianismo es mucho más que el deseo de satisfacer una necesidad física o emocional; mucho más que sentirse a gusto por un momento, aun cuando la intensidad de ese momento pareciera ser lo máximo que podemos alcanzar; mucho más que la promesa de satisfacción que nos ofrece algo material. ¡El amor del que nos habla el cristianismo es mucho más!

La experiencia del amor cristiano parte de la profundidad de nuestra relación con Dios. No sólo reflejamos el amor de Dios como imágenes suyas, sino que también nuestra relación con Dios es principio y fuente de nuestras relaciones con otras personas y con el resto del orden creado. Esto tiene tres implicaciones que nos pueden ayudar a entender la radicalidad de la propuesta del cristianismo en relación con el amor y la necesidad de proclamar dicha propuesta en nuestro mundo contemporáneo. Primero, el amor es una expresión íntima de nuestro ser personal. Amar al otro es posible porque somos seres personales con la capacidad de entender que el objeto de nuestro amor es un ser personal, alguien que también refleja la presencia de Dios. Como seres personales con capacidad de amar, podemos entregarnos a la otra persona sin perder nuestra autonomía ni nuestra identidad. Somos seres personales que entramos en una relación de amor que exige reciprocidad, no porque el otro tenga que amarnos como obligación, sino porque el amor en sí mismo genera amor. Segundo, el amor es una experiencia permanente que invita al crecimiento y la realización. El amor es ante todo una invitación a entrar en relación con otros en actitud de apertura. Dicha apertura nos expone a ser transformados por la otra persona y las circunstancias de la relación. Cualquiera que sea la dirección y el impacto de la relación de amor en la que entramos libremente, la experiencia del amor tiene el poder de transformarnos en lo más íntimo de nuestro ser, invitándonos a crecer y a realizarnos como personas capaces de amar y ser amadas. La apertura que el amor exige desafía la limitación temporal que con frecuencia asignamos a muchas de nuestras relaciones. En otras palabras, el amor auténtico tiene un comienzo pero se mantiene abierto a la perennidad. Tercero, para el cristiano el amor consiste en saberse amado por Dios porque Dios es amor. Ésta es una implicación que será desarrollada más a fondo en las siguientes secciones de este capítulo. Por ahora podemos decir que para el cristiano, la medida del amor con el que entramos en relación unos con otros es la medida que Dios nos ha revelado a través de la historia, aunque de manera especial en Jesucristo y su misterio pascual.

Para los cristianos la expresión más grande del amor de Dios y el modelo de amor que nos inspira el Evangelio tiene un nombre concreto: Jesucristo. En Jesucristo, nos recuerda san Pablo, Dios ha expresado la grandeza de su ser y de su amor hacia la humanidad; en Jesucristo Dios nos ama con un amor reconciliador y santificador:

[Dios]nos arrancó del poder de las tinieblas y nos trasladó al Reino de su Hijo amado. En él nos encontramos liberados y perdonados. Él es la imagen del Dios invisible, y es el Primogénito de toda la creación, porque en él fueron creadas todas las cosas en el cielo y en la tierra, el universo visible y el invisible, Tronos, Gobiernos, Autoridades, Poderes... Todo fue creado por medio de él y para él. Él existía antes que todos, y todo tiene en él su consistencia. Y él es la cabeza del cuerpo, es decir, de la Iglesia, él que es el principio, el primer nacido de entre los muertos para que estuviera en el primer lugar en todo. Así quiso Dios que "el todo" se encontrara en él y gracias a él fuera reconciliado con Dios, porque la sangre de su cruz ha restablecido la paz tanto sobre la tierra como en el mundo de arriba. Ustedes mismos en otro tiempo estaban alejados y con sus obras malas actuaron como rebeldes. Ahora, con su muerte, Cristo los reconcilió en su mismo ser humano, de modo que ahora son santos, sin culpa ni mancha ante él (Col 1:13-22).

Preguntas para la reflexión

- ***En sus propias palabras, ¿qué es el amor?***
- ***¿Qué circunstancias a su alrededor contradicen el amor cristiano?***
- ***¿Qué puede hacer usted en su familia y su comunidad para hablar del amor desde una perspectiva cristiana?***

El AMOR de Pedro

Cuando terminaron de comer, Jesús dijo a Simón Pedro: "Simón, hijo de Juan, ¿me amas más que éstos?" Contestó: "Sí, Señor, tú sabes que te quiero". Jesús le dijo: "Apacienta mis corderos". Le preguntó por segunda vez: "Simón, hijo de Juan, ¿me amas?" Pedro volvió a contestar: "Sí, Señor, tú sabes que te quiero". Jesús le dijo: "Cuida de mis ovejas". Insistió Jesús por tercera vez: "Simón Pedro, hijo de Juan, ¿me quieres?" Pedro se puso triste al ver que Jesús le preguntaba por tercera vez si lo quería y le contestó: "Señor, tú lo sabes todo, tú sabes que te quiero". Entonces Jesús le dijo: "Apacienta mis ovejas. En verdad, cuando eras joven, tú mismo te ponías el cinturón e ibas a donde querías. Pero cuando llegues a viejo, abrirás los brazos y otro te amarrará la cintura y te llevará a donde no quieras". Jesús lo dijo para que Pedro comprendiera en qué forma iba a morir y dar gloria a Dios. Y añadió: "Sígueme" (Jn 21:15-19).

Los momentos que llevaron a Jesús a la muerte y lo que ocurrió después tuvieron que haber sido causa de gran confusión para los discípulos. Por un lado, quienes tenían su fe puesta en Jesús y reconocieron en él al Mesías, tuvieron que haber sentido que sus esperanzas se desvanecían al verlo morir en la cruz. ¿Era éste el final? ¿Así terminaría la vida de aquel cuyas obras y palabras revelaron al Dios que habría de salvar a la humanidad? Por otro lado, Jesús se aparece a varios de sus discípulos después de aquellos sucesos sombríos, dejándoles saber que estaba vivo de una manera nueva, que la muerte no había tenido poder sobre él, que el Dios que ha acompañado a la humanidad desde la creación se mantuvo fiel a sus promesas. Aunque Jesús les había hablado de esto, todavía era difícil comprender en profundidad que aquel que estaba muerto, había resucitado; que Jesús estaba vivo y todo iba a ser transformado desde su nueva vida.

Jesús resucitado entabla una última conversación con Pedro. Esta vez fue una conversación definitiva, que confirmó su relación con el Señor por la cual le reconocerían los cristianos de todos los tiempos. Dentro de la tradición cristiana, la conversación entre Jesús y Pedro al final del Evangelio según san Juan, es quizás una de las más memorables. Jesús resucitado hizo una pregunta sencilla y profunda: *"¿me amas?"* La sencillez de la pregunta desconcertó a Pedro, quien no dudó un instante en responder afirmativamente. Pero Jesús tenía mucho más en mente. La pregunta posee tal carácter que sigue cautivando nuestra imaginación cristiana.

"¿Me amas?" Para poder comprender la profundidad de la pregunta, es importante hacer dos observaciones generales. En primer lugar, sabemos que el texto del Evangelio de Juan fue escrito en griego. Al leer el texto original descubrimos que Jesús usa dos verbos. Las dos primeras veces que hace la pregunta, Jesús usa el verbo *agapao*. La tercera vez Jesús usa

el verbo *fileo*. Pedro siempre responde con el verbo *fileo*. Ambas formas verbales se pueden traducir al español como "amar", aunque *fileo* se puede traducir también como "querer", asumiendo que "amar" es algo más intenso y profundo que "querer". Más adelante veremos cómo la tradición cristiana ha identificado varias clases de amor que nos ayudan a entender esta diferencia. En segundo lugar, la pregunta que Jesús hace a Pedro parece ser la misma pero hay ciertas particularidades que vale la pena tener en cuenta cada vez que Jesús la formula. La primera vez Jesús dice, "*¿me amas más que éstos?*" Al examinar el texto bíblico en su lenguaje original, quizás la mejor traducción es "¿me amas más que cualquier cosa en el mundo?" Aquí Jesús se refiere a la radicalidad del amor que exige estar en relación con él: nada ni nadie pueden estar por encima de ese amor. La segunda vez la pregunta es más directa: "*¿me amas?*" Aquí Jesús vuelve a usar el verbo *agapao*, el cual tiene una connotación de entrega y sacrificio. Jesús pregunta a Pedro si su amor es lo suficientemente sólido como para permitirle entregar todo. Estas palabras tendrán sentido unos versos más adelante cuando en el mismo capítulo Jesús le habla a Pedro sobre la manera en que va a morir: sufriendo el martirio (cf. Jn 21:18-19). La tercera vez la pregunta es similar: "*¿me quieres?*" Jesús usa esta vez el verbo *fileo*, el cual connota una relación de profunda amistad. En el caso de Pedro, será una amistad que definirá su discipulado hasta la muerte.

Ahora que tenemos un poco más de información, podemos dar un paso hacia adelante y explorar con más detalle el sentido del diálogo. El hecho de que Jesús haya preguntado a Pedro tres veces si lo amaba es interpretado con frecuencia como una reivindicación de Pedro por haber negado a Jesús tres veces (cf. Jn 18:17, 25-26). Si seguimos esta línea de reflexión descubrimos dos cosas importantes.

Por un lado, la conversación entre Jesús y Pedro sobre el amor es un ejercicio de reconciliación. A pesar de que Pedro negó a Jesús ante el temor de ver su propia vida amenazada, Jesús sabía lo que había en el corazón de Pedro. Al mismo tiempo Pedro le hizo saber a Jesús que él siempre le había amado y que si alguna vez hizo algo que sugiriera lo contrario, en lo más profundo de su ser ese amor se había mantenido intacto. La pregunta insistente de Jesús fue un acto de reconciliación en el cual invitó a Pedro a proclamar su amor con sinceridad y convicción. Desde esta perspectiva podemos apreciar mejor las palabras que Pedro dijo a Jesús cada vez que el Señor le preguntaba si lo amaba: *"Sí, Señor, tú sabes que te quiero"*. Con seguridad este texto decía mucho a los cristianos en los primeros años cuando tuvieron que vivir bajo persecuciones. Muchos de ellos fueron obligados a negar públicamente su fe en el Señor para salvar sus vidas. Para la comunidad cristiana tal decisión era dolorosa y algunos líderes consideraron tal negación como un acto difícil de perdonar. Sin embargo, la misma comunidad cristiana discernió que al igual que Pedro, muchos cristianos negaban al Señor en medio de circunstancias difíciles, pero estaban dispuestos a reconciliarse. El primer paso en el proceso de reconciliación es proclamar que se ama al Señor con sinceridad y convicción.

Por otro lado, la conversación entre Jesús y Pedro es una confirmación de la clase de discipulado al cual el Señor llamó al apóstol. En este sentido el pasaje tiene un carácter vocacional. Cada vez que Jesús preguntó a Pedro si le amaba, el Señor le dio una misión: *"Apacienta mis corderos"; "Cuida de mis ovejas"; "Apacienta mis ovejas"*. La imagen del rebaño inmediatamente nos recuerda el discurso del Buen Pastor en el capítulo 10 del Evangelio según san Juan. Jesús es el Buen Pastor (Jn 10:11). En ese mismo discurso, Jesús nos da varias características de lo que significa ser un buen pastor. Resaltemos cuatro que nos ayudarán a apreciar mejor sus palabras a Pedro.

1. **Jesús es la puerta del redil:** "Yo soy la puerta: el que entre por mí estará a salvo; entrará y saldrá y encontrará alimento" (Jn 10:9).
2. **Jesús da la vida:** "El buen pastor da su vida por las ovejas" (Jn 10:11).
3. **Jesús conoce a sus ovejas:** "conozco a los míos como los míos me conocen a mí" (Jn 10:14).
4. **Jesús es el pastor verdadero:** "habrá un solo rebaño con un solo pastor" (Jn 10:16).

Al final del Evangelio según san Juan, Jesús hizo un llamado especial a Pedro: participar de su misión. Pero para participar de la misión de Jesús, Pedro tenía que ser un discípulo que amara profundamente al Señor. Su vida, sus acciones y sus palabras sólo tendrían sentido si estaban fundamentadas en el amor a Jesucristo. Jesucristo es el Buen Pastor, la puerta, el que da la vida, el que conoce, el pastor verdadero. Porque Jesús amaba profundamente a Pedro, en este pasaje le llamó a participar de su ministerio, apacentando y cuidando de sus ovejas. Porque Jesús ama profundamente a quienes creemos en él, nos regala a Pedro para apacentar y cuidar su pueblo. Porque Pedro amaba profundamente a Jesús, aceptó apacentar y cuidar el rebaño de su Señor. Porque nosotros amamos profundamente a Jesús, reconocemos el ministerio de Pedro como el de aquel que apacienta y cuida el rebaño del Señor como si fuera el mismo Señor quien lo hiciera. ¡Toda una experiencia de amor expresado en el servicio! Es en este sentido que la tradición cristiana ha llegado a valorar intensamente el papel del apóstol Pedro, porque en él nos vemos reflejados y en su testimonio vemos un modelo digno a seguir. De manera particular, los cristianos católicos reconocemos al Papa como sucesor de Pedro, en cuanto que a través de su ministerio se refleja la llamada que el Señor hizo al primero de los apóstoles a apacentar y cuidar su rebaño.

Al momento de confesar su amor por Jesús resucitado, Pedro fue confirmado en la misión a la que el Señor lo había llamado un día a orillas del mar de Galilea: "*Síganme y yo los haré pescadores de hombres*" (Mc 1:17). Ese día, cuando Pedro dejó las redes junto con su hermano Andrés para seguir a Jesús, no tenía una idea exacta de lo que dicha decisión implicaría. Los evangelios se encargan de mostrarnos poco a poco cómo Pedro crece en su amor por el Señor como discípulo y como amigo. Amar a Jesús para Pedro significará tratar de entender sus enseñanzas aun cuando éstas sean causa de confusión. Por ejemplo, al final del capítulo 6 del Evangelio según san Juan, tenemos los siguiente: "*A partir de entonces* [después de decirles que él es el verdadero pan bajado del cielo y que él es la fuente única de vida eterna] *muchos de sus discípulos se volvieron atrás y dejaron de seguirle. Jesús preguntó a los Doce: 'Quieren marcharse también ustedes?' Pedro le contestó: 'Señor, ¿a quién iríamos? Tú tienes palabras de vida eterna. Nosotros creemos y sabemos que tú eres el Santo de Dios'*" (Jn 6:66-69). El discipulado al que Jesús llama exige abrirse a las profundidades del misterio, aun cuando ese misterio no lo podamos comprender completamente. Para Pedro, amar a Jesús significará aprender a apreciar la amistad que el Señor le estaba ofreciendo. No sólo una amistad entre colegas o aquella que existe entre el maestro y sus alumnos. La amistad de la que Jesús habla es aquella que Dios ofrece a la humanidad, una amistad de entrega total, una amistad que lo da a conocer todo, una amistad de elección, una amistad en la cual lo que es de Jesús ahora pertenece a sus discípulos:

> *"No hay amor más grande que dar la vida por sus amigos, y son ustedes mis amigos si cumplen lo que les mando. Ya no les llamo servidores, porque un servidor no sabe lo que hace su patrón. Los llamo amigos, porque les he dado a conocer todo lo que aprendí de mi Padre. Ustedes no me eligieron a mí; he sido yo quien los eligió a ustedes y los preparé para que vayan y den fruto, y ese fruto permanezca. Así es como el Padre les concederá todo lo que le pidan en mi Nombre"* (Jn 15:13-16).

Cuando el Señor preguntó a Pedro *"¿Me amas?,"* en última instancia le preguntó de manera definitiva si aceptaba su amistad, si aceptaba su amor. Al aceptar el amor de amistad que Jesús le ofreció, Pedro aceptó participar de la misma misión del Señor y confirmó su identidad como discípulo. *"Sígueme,"* le dijo el Señor (Jn 20:19).

Preguntas para la reflexión

- ***Si Jesús le preguntara,*** *¿me amas?,* ***¿cuál sería su respuesta?***
- ***¿Cómo describiría la profundidad de su amor por Jesús?***
- ***¿Qué significa para usted la persona del Papa, sucesor de Pedro?***

El don del amor

Toda reflexión sobre el amor cristiano tiene que comenzar con Dios que es amor, fuente de amor y objeto último de nuestro amor. Las palabras de la Primera Carta del Apóstol san Juan son un buen punto de partida: "*Queridos míos, amémonos unos a otros, porque el amor viene de Dios. Todo el que ama ha nacido de Dios y conoce a Dios. El que no ama no ha conocido a Dios, pues Dios es amor*" (1 Jn 4:7-8). Si amamos como cristianos, lo hacemos porque seguimos el ejemplo de Dios; si amamos como cristianos, es porque Dios nos ha amado primero; si amamos como cristianos, es porque al amar encontramos a Dios.

¿Y cómo sabemos que Dios es amor? Dios se ha venido revelando a la humanidad de muchas maneras desde el momento de la creación y en Jesucristo le hemos conocido íntimamente (cf. Hb 1:1-2). Para conocer a Dios que es amor los cristianos tenemos que conocer profundamente a Jesucristo y escuchar lo que el Señor nos revela sobre Dios, tanto con sus palabras como con sus acciones. Los evangelios en particular son un testamento del amor de Dios a la humanidad en la persona de Jesucristo. La comunidad cristiana a través de los siglos ha tenido la oportunidad de reflexionar sobre los distintos momentos de la vida de Jesús y descubrir que todos ellos son expresiones profundas e infinitas del amor de Dios por nosotros: la encarnación, su nacimiento en un pobre portal, sus enseñanzas, sus milagros, su ejemplo, su muerte en la cruz, su resurrección, el regalo del Espíritu Santo, la institución de la Iglesia y la promesa de su regreso definitivo. Todo esto tiene sentido dentro del Plan de Dios, aun cuando nos cueste entenderlo de lleno, porque el suyo es un Plan de amor.

Las acciones y las palabras de Jesús siempre revelan un aspecto nuevo del amor de Dios por la humanidad. Con sus acciones Jesús nos reveló a un Dios que es compasivo y misericordioso. Jesús resucitó a la hija de Jairo (Lc 8:41-42, 49-56), llamó a algunos para que sean sus amigos cercanos (Mc 3:13-19), alimentó a miles de personas que tenían hambre (Mc 6:31-42), restauró la vista a un ciego de nacimiento (Jn 9:1-39), lloró cuando le dijeron que su amigo Lázaro había muerto (Jn 11:32-35), salvó la vida de una mujer que estaba a punto de ser apedreada y le invitó a no pecar más (Jn 8:3-11), pidió a Juan que recibiera a su madre María en su casa (Jn 19:25-27), aceptó el cáliz del martirio y la muerte para darnos nueva vida (Mc 14:35-39), etc. ¿No son todas estas acciones expresiones profundas de amor? Con sus palabras Jesús nos ofreció lecciones de amor que siguen transformando nuestras vidas a través de la historia. En sus parábolas y sus discursos nos habló del amor del buen pastor que da la vida por sus ovejas (Jn 10:15), del amor del pastor que deja todo para buscar la oveja perdida (Lc 15:4-7), del amor del padre misericordioso que recibe a su hijo arrepentido (Lc 15:11-31), del amor que demuestra aquel samaritano que se compadeció de un extraño maltratado en el camino (Lc 10:25-37), del amor que revela su rostro cuando lo reconocemos en los más necesitados (Mt 25:37-40), del amor que invita a dejarlo todo cuando se encuentra el tesoro más grande (Mt 13:44-45), etc. ¿No son todas estas enseñanzas una invitación a vivir el amor en la vida diaria? Al contemplar las acciones y las palabras de Jesús, nos encontramos directamente con el amor de Dios.

Jesús nos revela la intimidad de Dios porque sólo el Hijo la conoce: "*Nadie conoce al Hijo sino el Padre, y nadie conoce al Padre sino el Hijo y aquellos a quienes el Hijo se lo quiera dar a conocer*" (Mt 11:27). Cuando Jesús nos revela a Dios como amor, nos invita a contemplar tres realidades maravillosas. Primero, Dios es un ser personal que ama con amor divino. El amor de Dios es personal, es decir que tiene una razón de ser, es compartido libremente y es bueno. Como seres humanos creados a imagen y semejanza de Dios, tenemos una idea de lo que esto significa porque también amamos como seres personales. El amor personal de Dios es al mismo tiempo amor divino, amor infinito que engendra vida y que perfecciona: mientras más nos ama Dios más nos hacemos como Dios. Segundo, Dios es comunidad de personas divinas unidas en el amor. Dios es Padre, Hijo y Espíritu Santo. Es el misterio de la Trinidad: tres personas divinas, un solo Dios. En el Credo afirmamos que el Hijo es nacido del Padre, engendrado, no creado. Al mismo tiempo, del amor entre el Padre y el Hijo, procede el Espíritu Santo. Todo esto en la eternidad. Dios es comunidad de amor perfecto en cuanto que el amor infinito de cada persona divina es compartido gratuita e infinitamente con las demás. Para las personas divinas amar es vivir plenamente en las otras y saber que las otras viven plenamente en ellas. Tercero, el amor y la vida de Dios son la misma realidad. Ésta es la conclusión a la que llegamos al contemplar la dinámica de la vida de comunión trinitaria. La vida de Dios es amor divino. Por ello, cuando decimos que Dios nos ama, afirmamos que Dios nos comparte su propia vida, su propio ser. Ser amados por Dios significa participar de su propia existencia en el aquí y el ahora de nuestras vidas, y en plenitud cuando seamos uno con Dios en la eternidad.

El regalo más grande que Dios nos da, es su amor: su propia vida. Hablar del amor como don divino, es hablar de la posesión de la vida de Dios, la cual se nos da libre y gratuitamente para perfeccionarnos como mujeres y hombres llamados a la salvación en Jesucristo. Al ser amados por Dios y participar de su vida, somos transformados en lo más íntimo de nuestro ser. Como seres amados por Dios somos reflejo de su amor y signos de la vida divina en la historia. Ese amor divino que se nos da y que estamos llamados a reflejar, es conocido tradicionalmente entre los cristianos como caridad. Sin embargo, para entender lo que la caridad es, necesitamos reflexionar por un momento sobre otras expresiones del amor.

Desde la antigüedad se han identificado varias clases de amor. Las más tradicionales son *eros, filia* y *ágape*. *Eros* con frecuencia se refiere al amor impulsivo y pasional que atrae a dos personas, especialmente en el contexto de la vida de pareja. También se refiere a la atracción hacia un objeto no personal como el conocimiento o una actividad. *Filia* es ante todo el amor de amistad, un amor que atrae a personas que tienen algo en común, que desean compartir lo mejor de sí mismas. Es el tipo de amor que nos recuerda que nos necesitamos unos a otros para realizarnos en la historia y que la amistad ha de conducirnos a la perfección buscando el bien mutuo. *Ágape* es el amor que es expresado con un sentido de sacrificio y entrega. *Ágape* es duradero y auténticamente libre. Es el amor que lo da todo por su objeto porque sabe que es bueno y verdadero. Es importante que no concluyamos que el amor *eros* y el amor *filia* son malos o negativos. Todo lo contrario. Estas clases de amor son importantes porque son parte de lo que somos como seres humanos y son necesarios para expresarnos en nuestras relaciones. Una manera de apreciar con más profundidad el amor *eros* y el amor *filia* es cuando los experimentamos en el contexto del amor *ágape*.

Dentro del contexto cristiano, *ágape* se identifica con el amor de Dios. Éste es el término que el Nuevo Testamento prefiere para referirse al amor de Dios y al amor al cual Jesucristo llama a sus discípulos. Por consiguiente, el amor divino es *ágape*, un amor de entrega total, amor que es vida, amor que es duradero y auténticamente libre. En el caso de Dios, el amor que nos comparte es su propia vida divina. El *ágape* de Dios es caridad, amor perfecto con el cual somos perfeccionados. Desde la perspectiva del amor *ágape*, los cristianos estamos llamados a *amar como Dios* y *con el amor de Dios*. ¡Eso es caridad!

El Nuevo Testamento está lleno de referencias al amor *ágape* entendido como caridad. El apóstol Pablo nos ha regalado quizás la articulación más hermosa y poética de lo que es este amor, un himno que ha inspirado generaciones y generaciones de cristianos por casi dos mil años:

> *El amor es paciente y muestra comprensión. El amor no tiene celos, no aparenta ni se infla. No actúa con bajeza ni busca su propio interés, no se deja llevar por la ira y olvida lo malo. No se alegra de lo injusto, sino que se goza en la verdad. Perdura a pesar de todo, lo cree todo, lo espera todo y lo soporta todo. El amor nunca pasará. Las profecías perderán su razón de ser, callarán las lenguas y ya no servirá el saber más elevado. Porque este saber queda muy imperfecto, y nuestras profecías también son algo muy limitado; y cuando llegue lo perfecto, lo que es limitado desaparecerá. Cuando era niño, hablaba como niño, pensaba y razonaba como niño. Pero cuando me hice hombre, dejé de lado las cosas de niño. Así también en el momento presente vemos las cosas como en un espejo, confusamente, pero entonces las veremos cara a cara. Ahora conozco en parte, pero entonces conoceré como soy conocido. Ahora, pues, son válidas la fe, la esperanza y el amor; las tres, pero la mayor de estas tres es el amor* (1 Cor 13:4-13).

Al leer este hermoso himno y contemplar su profundidad, no podemos dejar de identificarnos con sus palabras. Es el pasaje bíblico más popular en celebraciones matrimoniales. Cientos de retiros se ofrecen tomándolo como tema central. Cuando hablamos de servicio y de compromiso cristiano, no podemos dejar de referirnos al Himno de la Caridad. En cierta manera, el himno nos propone un ideal al cual estamos llamados. Pero no es un ideal imposible de alcanzar. La caridad cristiana ya es una realidad porque Dios mismo nos la ha compartido, especialmente por medio de Jesucristo. La caridad cristiana es algo que ya hemos experimentado porque Dios nos amó primero (1 Jn 4:10). El don del amor de Dios, es decir la caridad, ya lo poseemos. Ahora sólo hay que vivirlo.

La primera carta encíclica que escribió el Papa Benedicto XVI se titula *Deus Caritas est* (Dios es amor). Escrita en el año 2005 a escasos meses de haber sido elegido como sucesor de Pedro, Benedicto XVI quiso comenzar su pontificado recordando a todos los miembros de la Iglesia que Dios es amor y que Dios nos sigue amando infinita e incondicionalmente en su Hijo Jesucristo. ¡Qué mensaje tan apropiado, especialmente después de haber reflexionado en la sección anterior sobre el diálogo entre Jesús y Pedro sobre el amor! El amor de Dios se hace realidad en la vida diaria por medio del compromiso de los cristianos en la construcción de un mundo mejor. Sin embargo, Benedicto XVI nos recuerda que la acción de la Iglesia no puede reemplazar el papel y la responsabilidad del Estado. Los cristianos tenemos la obligación de abogar para que las estructuras sociales sean reflejo de la verdad y la justicia. Pero nuestra contribución no es un aparato político sino el mensaje del Evangelio. Por ello es necesario que haya una conversación sana y equilibrada entre los cristianos y las estructuras dentro de las cuales vivimos. La Iglesia participa directa y efectivamente en la construcción de una sociedad justa por medio de acciones caritativas, es decir, acciones inspiradas y sostenidas por la experiencia del amor de Dios. Esta convicción está al centro de la Doctrina Social de la Iglesia. El Papa propone que la práctica de la caridad cristiana ha de seguir el modelo del Buen Samaritano: "la caridad cristiana es ante todo y simplemente la respuesta a una necesidad inmediata en una determinada situación".[28] El cristiano es testigo del amor de Dios allí donde se necesita con inmediatez. Aunque la práctica de la caridad cristiana no depende de un programa ideológico o político, esto no significa que carezca de organización. De hecho, la acción caritativa de la Iglesia es altamente organizada en todos sus niveles. Esta acción tiene su identidad propia: más que parte de un sistema predefinido con intereses particulares, la Iglesia reconoce el rostro de Cristo en la persona que está en necesidad. La práctica de la caridad cristiana siempre es personal: "A un mundo mejor se contribuye solamente haciendo el bien ahora y en primera persona, con pasión y donde sea posible, independientemente de estrategias y programas de partido. El programa del cristiano —el programa del buen Samaritano, el programa de Jesús— es un 'corazón que ve.' Este corazón ve dónde se necesita amor y actúa en consecuencia".[29]

¿Cómo sabemos que Dios es amor? ¿Cómo podemos reconocer con autenticidad el amor de Dios? ¿Qué nos motiva a amar a la otra persona, especialmente la más necesitada, con caridad? Estas preguntas nos llevan obligatoriamente a contemplar la presencia del Espíritu Santo en nuestras vidas: "*pues ya se nos ha dado el Espíritu Santo, y por él el amor de Dios se va derramando en nuestros corazones*" (Rm 5:5). El Espíritu es quien nos mueve a reconocer el amor de Dios y a amar como Dios ama. El don de la caridad cristiana, amor *ágape*, es ante todo fruto de un don mucho más grande: el Espíritu Santo (cf. Ga 5:22).

Preguntas para la reflexión

- ***¿Cómo sabe usted que Dios es amor?***
- ***¿Qué descubrió sobre el amor al contemplar la vida íntima de la Trinidad?***
- ***Lea el Himno de la Caridad en 1 Corintios 13:4-13. ¿En qué forma le ayuda este himno a entender mejor el amor al cual Dios nos llama como discípulos suyos?***

AMOR E IDENTIDAD CRISTIANA

En un mundo en el que con frecuencia se habla de amor, muchos sufren porque no lo experimentan. He ahí la ironía y la ambigüedad de la experiencia humana. Aquello de lo que somos más capaces, algunas veces no sabemos cómo compartirlo o simplemente lo negamos. Aquello que más anhelamos es lo que con frecuencia no recibimos. Como cristianos tenemos el desafío de afirmar el sentido profundo de lo que el amor significa. Para muchas personas es un proceso de recuperación de algo que alguna vez experimentaron y que por distintas razones han perdido. Para otras se trata de un primer encuentro intencional con el amor de Dios. Como veremos más adelante, para recuperar o experimentar por primera vez la intensidad del amor cristiano, es necesario que existan comunidades de amor que nos permitan vivirlo.

Es interesante observar que los actos de amor a nuestro alrededor con frecuencia sobresalen como excepciones. Nuestra atención se concentra rápidamente en la persona que es generosa o la que cuida a los enfermos o la que alimenta a los que tienen hambre, o la que aboga por un orden más justo en la sociedad. Aplaudimos aquellas comunidades y organizaciones que encarnan principios de amor y justicia, especialmente cuando dedican sus recursos a servir las necesidades de los más vulnerables entre nosotros. ¿No debieran ser todas estas acciones la norma en lugar de excepciones? Este interrogante nos interpela profundamente cuando sabemos que la mayoría de quienes vivimos en las sociedades occidentales decimos ser cristianos. Todo discípulo auténtico de Jesucristo tiene la obligación de ser testigo del amor de Dios en cada momento de su vida. Para un cristiano comprometido sinceramente con su fe, ser testigo de la caridad cristiana no puede ser una excepción.

En círculos cristianos se habla con frecuencia de la dimensión contracultural del amor. El amor cristiano es contracultural en aquellos contextos en donde el odio, la indiferencia y la falta de caridad reinan. Estas realidades son en sí mismas una contradicción a lo que estamos llamados a ser de acuerdo con la sabiduría divina: sacramentos del amor de Dios. Donde falta el amor no está Dios; si nos falta el amor nada somos, nos recuerda san Pablo (cf. 1 Cor 13:2). El amor, la norma de lo que la vida del cristiano debe ser, tiene que irrumpir como correctivo y antídoto a lo que nuestras vidas no deben ser. En otras palabras, el amor es contracultural no como alternativa sino como evocación de la intención original de Dios para la humanidad.

Veamos brevemente tres condiciones que lamentablemente predominan a nuestro alrededor, las cuales deben ser contrarrestadas con nuestro testimonio como sacramentos del amor de Dios.

Individualismo radical. Nuestras sociedades occidentales, especialmente aquellas que son consideradas desarrolladas y tecnológicamente avanzadas, han sido influenciadas profundamente por el modernismo. El modernismo es básicamente una perspectiva social, cultural e intelectual por medio de la cual el ser humano ejerce un mayor control del orden natural y de su vida por medio de la razón y la ciencia. Entre los efectos positivos del modernismo, podríamos señalar una mejor apreciación de nuestra capacidad creativa al igual que el desarrollo de más recursos para entender nuestra identidad personal. Sin embargo, algunas expresiones del modernismo tienden a imponer al ser individual como el criterio absoluto para definir la experiencia humana. Como vimos en los capítulos anteriores, esta propuesta, la cual podemos definir como individualismo radical, asume que todo parte del individuo y todo se dirige al individuo. Dentro de este paradigma es difícil hablar de vida en comunidad o mutualidad, porque el ser individual es considerado como la medida última de nuestra experiencia. El individualismo radical sospecha de instituciones tales como el Estado o la Iglesia que proponen principios para alcanzar el bien común. Al final de cuentas, lo que cuenta es el individuo, con frecuencia un individuo aislado y caprichoso, que se impone como centro de todo. Dentro de esta perspectiva, el amor relacional y sacrificial que hemos descrito como *ágape* o caridad cristiana se convierte en una amenaza a la autonomía del individuo, una utopía sin mucho sentido.

Materialismo. Esta condición está íntimamente conectada a la anterior. Para el individuo que intenta conocerlo todo con el uso de su razón y dominarlo todo por medio de sus fuerzas y su conocimiento científico, hablar de Dios o de trascendencia resulta innecesario, muchas veces incompatible con sus convicciones. La realidad es lo que se percibe con los sentidos, aquello que se puede manipular y explicar experimentalmente. La consecuencia más inmediata de dicha actitud es pensar que sólo lo que es material satisface la búsqueda de sentido del individuo. Con esta perspectiva la persona se lanza en una búsqueda frenética de una felicidad que cada vez parece más inalcanzable, consumiendo productos –usándolos y desechándolos cuando ya no los quiere– experimentando en todas las áreas de su vida y acumulando bienes que prometen satisfacción inmediata. En medio del materialismo las personas alrededor del individuo son reducidas a comodidades, medios para lograr alguna meta o simplemente puestas de lado porque son percibidas como obstáculos para lograr más. Es en este contexto que el individuo crea caricaturas del amor con el propósito de buscar satisfacción temporal a un anhelo íntimo que cada vez pide mucho más. El amor *ágape* del que habla el cristianismo aparece sin mucho atractivo, puesto que requiere de una relación con Dios y exige transcender, aunque sin abandonar totalmente, la inmediatez de lo material y lo presente. Una relación con Dios exige la reconfiguración total de los principios que sostienen el materialismo.

Indiferencia. El mundo en el que vivimos se mueve apresuradamente. Cada día somos testigos de nuevas invenciones y nuevos avances en todas las áreas. Lo que se nos presenta un día como la última palabra unos pocos días después está fuera de moda. Todo cambia rápidamente. La fluidez y la rapidez de nuestra experiencia exigen que mantengamos el ritmo pues de lo contrario nos quedamos atrás. Pareciera que no tenemos tiempo para parar un momento y contemplar el momento presente, mucho menos para pensar en los que se quedaron atrás. Somos parte de una generación en la que estamos "programados" para correr hacia el futuro pero tenemos poca certeza de lo que queremos de ese futuro. Ser indiferentes es parte del maratón. No hay tiempo para pensar en otros. La indiferencia unida al individualismo radical y el materialismo nos llevan a concluir que el prójimo no es nuestra preocupación; en muchos casos el prójimo no importa. En medio de la actitud de indiferencia, perdemos de vista a quienes se han quedado atrás, especialmente los más vulnerables, los que nunca tuvieron la oportunidad de comenzar la carrera, los que nunca pudieron siquiera pensar en correr debido a sus limitaciones, los que nunca supieron que había una carrera. Si estas personas, de carne y hueso como nosotros, fueran un grupo pequeño al cual pudiéramos regresar en algún momento y asistir después de tener alguna ventaja, quizás habría una esperanza. El problema es que este grupo constituye la mayoría de personas en el mundo entero, millones de ellos alrededor nuestro. La indiferencia no permite la expresión del amor cristiano, aquel amor *ágape* que requiere que como el Buen Samaritano paremos, pongamos atención a las necesidades más inmediatas de nuestro prójimo, cuidemos sus heridas y esperemos hasta que tenga mejores condiciones de vida.

El individualismo radical, el materialismo y la indiferencia son obstáculos para que el amor cristiano se exprese en su plenitud. Lo primero que debemos hacer como cristianos es identificar esos obstáculos y llamarlos por su propio nombre. Esto requiere una actitud profética por medio de la cual denunciemos lo que nos aleja de Dios, lo que no nos permite vivir el amor *ágape* con sinceridad y anunciemos la buena noticia del amor del que somos capaces gracias a nuestra fe en Jesucristo. El primer lugar en donde hemos de comenzar es en nuestro propio corazón, pues si nosotros mismos hemos encarnado las condiciones que obstaculizan la vivencia del amor cristiano, de nada sirven las palabras vacías o las buenas intenciones que eventualmente serán negadas con nuestras acciones. Ello exige conversión. Y la conversión exige apertura a la acción de Dios en nuestras vidas por medio del Espíritu Santo.

Al confrontar aquellas situaciones que impiden la vivencia del amor cristiano, quienes nos llamamos discípulos auténticos de Jesucristo, tenemos la obligación de recordarles a quienes están a nuestro alrededor que la intención original de Dios es el amor *ágape*. Nuestras vidas han de ser continuamente sacramentos del amor de Dios, lo cual expresamos por medio de nuestras convicciones y nuestras acciones. El ideal es que la vivencia de dicho amor se actualice en lo ordinario de nuestro diario vivir, pues la caridad ha de ser la norma de nuestras relaciones. Es más, los cristianos tenemos que hacer opciones preferenciales. Una opción preferencial consiste en amar intensamente a quien más lo necesita. Esto no significa exclusividad o negación del amor a otros, pues el amor *ágape* es un amor abierto. Dios mismo en la Sagradas Escrituras muestra un amor especial por los pobres y los abandonados (Sal 34:18; Mt 25:34-40; Lc 1:51-53). La misión de Jesús es anunciada en el contexto de una opción preferencial:

Llegó a Nazaret, donde se había criado, y el sábado fue a la sinagoga, como era su costumbre. Se puso de pie para hacer la lectura, y le pasaron el libro del profeta Isaías. Jesús desenrolló el libro y encontró el pasaje donde estaba escrito: El Espíritu del Señor está sobre mí. El me ha ungido para llevar buenas noticias a los pobres, para anunciar la libertad a los cautivos y a los ciegos que pronto van a ver, para poner en libertad a los oprimidos y proclamar el año de gracia del Señor. Jesús entonces enrolló el libro, lo devolvió al ayudante y se sentó, mientras todos los presentes tenían los ojos fijos en él. Y empezó a decirles: "Hoy se cumplen estas palabras proféticas y a ustedes les llegan noticias de ello" (Lc 4:16-21).

El amor cristiano como opción preferencial consiste en acompañar al otro, al que se ha quedado atrás, al que las circunstancias de la vida le han puesto en desventaja, al que nunca podrá entrar en la carrera, al que necesita nuestra presencia. El amor cristiano como opción preferencial consiste en reconocer al Señor en el rostro de la otra persona (cf. Mt 25:31-46).

Quien ama no está solo, pues al amar creamos comunidad. Así como Dios es modelo de comunidad de amor para la humanidad, nosotros estamos llamados a crear comunidades de amor a ejemplo de Dios. Es en medio de comunidades de amor cristiano que primero experimentamos lo que significa ser Iglesia. La familia es la primera comunidad, quizás la más importante, en donde se debe comenzar a vivir el amor cristiano. Aparte de la familia, las parroquias, las congregaciones, los grupos de fe, los grupos de servicio, las pequeñas comunidades eclesiales, las organizaciones cristianas sin ánimo de lucro y cualquier otro grupo de bautizados que se identifiquen como discípulos de Jesucristo, tienen que ser reconocidos ante todo por ser comunidades de amor cristiano. Una comunidad de amor cristiano está constituida por discípulos cuyas obras reflejan continuamente la presencia de Dios, obras que por sí mismas dicen más que mil palabras: "todos los hermanos prediquen con las obras," dijo san Francisco de Asís a sus hermanos.[30] En nuestra sociedad contemporánea es urgente que los cristianos formemos y mantengamos estas comunidades de amor, pues ellas serán el germen de una sociedad en donde la caridad abunde, una sociedad que encarne verdaderamente lo que significa ser civilización del amor.

La invitación de Jesús a Pedro, al final del Evangelio según san Juan, por medio de la cual lo llama a confirmar su amor y a participar de su misión, se repite hoy en día en nuestras vidas y comunidades. Es una invitación, ante todo, a ser testigos del amor *ágape* como reflejo de nuestra relación con Dios que es amor. Como cristianos tenemos la responsabilidad de impregnar las estructuras de nuestra sociedad por medio del amor que hemos experimentado en Jesucristo y que ahora el Señor nos llama a compartir unos con otros. Para ello hay que afirmar el carácter público de nuestra fe dentro de la sociedad, pues no cabe duda alguna de que el cristianismo tiene mucho para contribuir a la construcción de un mundo mejor, un mundo que necesita urgentemente de testimonios de amor auténtico.

Preguntas para la reflexión

- ***¿De qué manera se manifiesta el individualismo, el materialismo y la indiferencia a su alrededor? ¿Qué cree que puede hacer como discípulo del Señor para contrarrestar estas condiciones?***
- ***¿Qué puede hacer usted para que su familia y su parroquia sean comunidades auténticas de amor cristiano?***
- ***¿Qué características asociaría usted con el proyecto de una civilización del amor?***

Testimonios de AMOR

Amor que fortalece en la debilidad

Sabemos que en esta vida algunas personas nacen con más ventajas materiales o personales que otras. Ésta es una realidad que no podemos ocultar y mucho menos ignorar. En cierta manera, se espera que aquellas personas que tienen más ventajas las usen de la mejor manera, poniéndolas preferiblemente al servicio de los más necesitados y construyendo un mundo mejor. Al mismo tiempo se espera que aquellas personas que no nacieron con las ventajas del primer grupo hagan todo lo posible por mejorar sus vidas, por crecer y realizarse. Estos ideales ciertamente nos ofrecen un sentido de esperanza que al mismo tiempo nos invitan a contemplar la experiencia humana como un horizonte de posibilidades.

Pero, ¿qué dice nuestra sociedad cuando alguien nace con limitaciones intelectuales que no le permiten siquiera contemplar de lleno, mucho menos participar de las ideas de éxito y progreso con las que la mayoría de nosotros operamos? La presencia de personas con limitaciones intelectuales no sólo es una invitación a reconocer su existencia como seres humanos sino una llamada especial a discernir nuestra responsabilidad hacia ellas. Para estas personas el concepto de éxito tiene una connotación bastante diferente y sus esperanzas apuntan a lo más profundo de lo que significa ser humano. ¿Qué hacen nuestras sociedades cuando son confrontadas con la existencia de miles de personas que viven en estas circunstancias? Sí, son miles de seres humanos con grandes limitaciones; mujeres y hombres de carne y hueso, imágenes del Dios de la vida. Ciertamente cada vez son más los recursos que sociedades y organizaciones disponen para responder a sus necesidades más inmediatas y acompañarles. Sin embargo, con frecuencia no les vemos porque la mayoría viven aislados. Algunas veces son escondidos o abandonados por sus propias familias. ¿Qué podemos hacer cuando nos encontramos con ellas?

Ésta fue la pregunta que en los años sesentas se hizo un canadiense a la edad de 36 años y la respuesta le llevó a comenzar una de las experiencias más nobles de las últimas décadas. Nació en una familia bastante influyente en el mundo de la política de su país y tuvo el privilegio de recibir una educación bastante completa. Desde joven se preocupó por vivir auténticamente su identidad católica. Tuvo una carrera exitosa en la marina canadiense la cual dejó para discernir su vida espiritual y eventualmente terminar un doctorado en filosofía. Enseñó por un corto tiempo en una universidad en Canadá, pero estaba más interesado en lo que su amigo y guía espiritual, el sacerdote dominico Thomas Philippe (Père Thomas) hacía como capellán de un centro para personas con limitaciones intelectuales en Francia. Viajó allí y observó el dolor de las personas a quienes servía Père Thomas y se preguntó qué podía hacer. Su amigo le sugirió dos palabras: "haz algo". Después de visitar varios lugares en donde vivían personas con limitaciones intelectuales, en 1964 ese "algo" se convirtió en una casa en donde comenzó una comunidad llamada *L'Arche*. El filósofo que pudo haber logrado todos los éxitos que le ofrecía el mundo a una persona privilegiada como él, comenzaba una vida en común con dos personas intelectualmente limitadas: Raphaël y Philippe. Hubo una cuarta persona el primer día, Dany, pero sus necesidades exigían más de lo que la pequeña comunidad podía ofrecer en el momento y tuvo que regresar a la institución de donde venía.

Así comenzó *L'Arche*, una comunidad en donde personas con limitaciones intelectuales serían tratadas con amor y respeto y su dignidad como seres humanos sería afirmada con sinceridad. Poco a poco la comunidad iría creciendo. El día se organizó con actividades que ayudaban a los miembros de la comunidad a explorar nuevas dimensiones en sus vidas. Esto requería paciencia, creatividad y buen humor. El joven filósofo mantuvo una vida de oración frecuente y en su nueva experiencia con sus compañeros de comunidad descubrió nuevas perspectivas sobre el amor de Dios. En los años venideros otras comunidades *L'Arche* se fundarían en varias partes del mundo. Hoy en día existen más de 130 de estas comunidades esparcidas en todos los continentes.

En las comunidades *L'Arche* la vida es simple. La riqueza la constituyen las personas que allí residen y el amor que brota del servicio. La gran mayoría de los que llegan a vivir con quienes tienen limitaciones intelectuales vienen con la idea de servir, de ayudar y de hacer una diferencia. Cientos de testimonios coinciden en que, después de un breve tiempo, son ellos los que son transformados. *L'Arche* tiene un impacto especial en sus vidas. Dicha transformación viene del amor que nace de la contemplación de las cosas simples. La experiencia de *L'Arche* no consiste tanto en hacer cosas por otras personas. Se trata de ser hermanos y hermanas, amigos y compañeros de quienes viven allí. Las comunidades *L'Arche* son espacios en donde se aprende a valorar la existencia humana como lo más hermoso y lo más profundo que se posee. Sin embargo, lo que se contempla allí no es la humanidad poderosa y autosuficiente sino una humanidad débil y necesitada. En la contemplación de la debilidad y la limitación se abren las puertas al misterio de lo que somos. Y al contemplar el misterio de lo que somos nos encontramos con el misterio de Dios. Esta contemplación de la grandeza del amor de Dios en medio de la debilidad ciertamente nos ayuda a apreciar mejor el misterio cristiano de la cruz.

La experiencia de *L'Arche* está sostenida por varias espiritualidades. Hay comunidades animadas por cristianos de varias denominaciones al igual que por personas de tradiciones religiosas diferentes al cristianismo. La espiritualidad común de todas estas comunidades es el amor *ágape*. Es más, las comunidades *L'Arche* en sí mismas constituyen una espiritualidad. Dicha espiritualidad exige que uno descienda de la escalera del éxito para estar con los débiles y los pobres, para formar familia y comunidad con ellos, para servirles.[31] Es una espiritualidad que es expresión de amor que no crea dependencia al hacer las cosas por la otra persona sino un amor que trata de ayudarle a esta persona a reconocer su propia belleza, su ser único, la luz escondida en su corazón y el significado de su vida.[32] ¡Qué pedagogía tan maravillosa!

L'Arche es el resultado de la decisión de alguien que quiso vivir su fe y amar con intencionalidad en compañía de aquellos que más lo necesitaban a su alrededor, aquellos ante quienes con frecuencia nuestras sociedades no saben qué hacer y por consiguiente ignoran o esconden. La experiencia de las comunidades *L'Arche* nos recuerdan que ser cristiano exige abrirnos al misterio del amor de Dios en el aquí y el ahora de nuestras vidas, especialmente en donde más se nos necesita, con la confianza de que Dios nos mostrará el camino tal como se lo mostró al joven filósofo Jean Vanier.

Amistad que transforma y redime

¿Qué es la amistad? ¿Qué valor tiene la amistad? ¿Cuál es la meta última de la amistad? Éstos y muchos otros interrogantes similares han ocupado las mentes de filósofos, teólogos y escritores por siglos. La respuesta a estas preguntas ciertamente dependerá del contexto en el cual se les considere, las razones que nos llevan a ellas y las personas a quienes consideremos que representan el ideal de amistad. En algunos casos, la amistad consiste en estar presente cuando nos necesitan, sin hacer o decir mucho; en otros consiste en acompañar activa y comprometidamente al amigo. En algunos casos la amistad exige dar la vida por otros, la máxima expresión de amor por un amigo.

Si la amistad es una virtud por medio de la cual amamos a la otra persona y buscamos su bien, tal como insinuó el filósofo Aristóteles, entonces la amistad tiene que tener un efecto transformador en la vida de quienes entran en esa relación virtuosa.

En la segunda parte del siglo XX un obispo joven en El Salvador experimentaría, y más tarde encarnaría, un modelo de amistad que podríamos llamar transformadora y redentora. Su vida fue bendecida con amigos que le transformaron profundamente. Uno de ellos fue el sacerdote jesuita Rutilio Grande, a quien conoció en 1967. Fue una amistad de diez años que tendría gran influencia sobre sus perspectivas y convicciones. El ministerio del Padre Tilo (así le llamaban de cariño) estaba guiado por lo que él mismo definió como una opción preferencial y fundamental: las mayorías populares, los pobres de El Salvador. Dedicó gran parte de su energía a organizar a los pobres para confrontar las condiciones de injusticia que afectaban sus vidas. Su trabajo causó sospecha entre las autoridades del gobierno y aquellos grupos que se beneficiaban de la profunda división socio-económica que ha caracterizado esta pequeña nación centroamericana la mayor parte de su historia. Estas sospechas finalmente llevaron al Padre Tilo a la muerte, el 12 de marzo de 1977, a manos de unos asesinos contratados. Cuando el Padre Tilo murió, quien para aquel entonces era el arzobispo de San Salvador perdió no sólo un amigo sino también, en sus propias palabras, un hermano. En el funeral del padre Tilo el arzobispo dijo: "En momentos culminantes de mi vida… estuvo muy cerca de mí y esos gestos ¡no se olvidan!"

No sabemos con certeza si el Padre Tilo fue quien inspiró el compromiso del arzobispo con las mayorías populares de El Salvador. Lo que sí podemos decir es que, a través de su amistad y al haber sido testigo de su muerte, ocurrió en él una transformación. En los siguientes tres años, el arzobispo surgiría como el amigo más sincero de mujeres y hombres que vivían oprimidos por las estructuras injustas de un gobierno y una sociedad corruptos; el amigo de quienes no podían denunciar las injusticias y las mentiras de sus opresores ante la amenaza de perder sus vidas; el amigo de los pobres cuyos cuerpos estaban heridos gracias a las muchas violaciones que habían sufrido. Esta amistad más amplia transformó la vida del arzobispo y las vidas de quienes vieron en él a un verdadero amigo. Los buenos amigos transforman nuestras vidas. La amistad que busca el bien de la otra persona es transformadora.

La amistad del arzobispo con los pobres le llevó a denunciar las muchas injusticias que afectaban a su pueblo: desapariciones forzadas, asesinatos planeados, violaciones de los derechos humanos básicos, explotación y violencia, situaciones con frecuencia patrocinadas por fuerzas políticas y militares. El arzobispo caminó con el pueblo y lo escuchó, sufrió con las madres cuyos hijos habían sido asesinados y vivía preocupado por el ambiente de intolerancia en el que todo el mundo vivía. Sus homilías y sus mensajes eran cada vez más proféticos, denunciando la opresión, el abuso, la muerte y la explotación como pecados graves. Tuvo incluso la osadía de nombrar a muchos de quienes estaban detrás de estas situaciones. Todo esto tendría consecuencias serias. El 24 de marzo de 1980, mientras celebraba la misa en la pequeña capilla de un hospital en San Salvador, una bala atravesó el corazón de Monseñor Oscar Romero quitándole la vida. Así pagaba el último precio por su amistad con los pobres.

Desde una perspectiva cristiana, la amistad que desea el bien del otro no se puede limitar simplemente a "buenas intenciones" o a esperar que las cosas estén bien sin hacer algo. Servir o estar en amistad sinceramente con otra persona exige mucho más. Para poder entender esto necesitamos contemplar el ejemplo de Jesús. La amistad de Jesús con la humanidad tiene un sentido profundamente redentor. Al llamarnos "amigos," Jesús nos invita a participar en la dimensión salvífica de su misión. En el Evangelio según san Juan Jesús afirma: "*No hay amor más grande que dar la vida por sus amigos*" (Jn 15:13). En este contexto vemos el sentido único de la cruz. Ser amigo es estar dispuesto a dar el don más precioso, la vida, por los amigos porque existe la certeza de que la victoria le pertenece a Dios. Dar la vida por los amigos reconcilia relaciones rotas, endereza los caminos que nos alejan de Dios y abre nuestros ojos para reconocer la dignidad de toda persona a quien llamamos amiga.

Conocedores de las dimensiones transformadoras y redentoras de la amistad cristiana, Jesús y Monseñor Romero fueron capaces de dar sus vidas por otros. En el caso de Monseñor Romero, su amistad fue transformadora y redentora porque reflejó la amistad transformadora y redentora de Dios con la humanidad por medio de Jesucristo.

La amistad que Jesús y Monseñor Romero vivieron con los suyos, es más que un ejemplo de amor entre buenos amigos. Es una amistad que realiza lo que significa, una amistad que transforma radicalmente la vida de quienes la reciben, una amistad que transforma y redime. Porque la amistad verdadera realiza lo que significa, podemos decir que aquella que lleva a dar la vida por la otra persona tiene un *carácter sacramental.* Tal es el sentido último de vivir en solidaridad con el otro. Esa amistad es posible porque Jesús ama con un amor divino; es posible porque personas como Monseñor Romero aceptan el desafío de ver a Cristo en las personas a quienes sirven y por medio de ellas comparten una intimidad más profunda con el Señor.

Amor que sirve sin condiciones

Desde los primeros años del cristianismo mujeres y hombres han consagrado su vida por completo a la contemplación del misterio de Dios y al servicio de los demás. Al principio, algunos cristianos optaron por vivir una vida completamente aislada del resto de la sociedad, subsistiendo sólo con lo que la naturaleza les proveía y poniendo su confianza totalmente en Dios. Otros optaron por vivir en pequeñas comunidades, las cuales eventualmente se convertirían en conventos y monasterios. El segundo modelo de vida consagrada fue el que predominó en la historia de la tradición cristiana occidental y dentro de este modelo distintos grupos se han distinguido por la afirmación de carismas específicos: la enseñanza, el servicio a los más pobres, las misiones, el trabajo con los enfermos, la vida contemplativa, etc.

Cientos de miles de mujeres y hombres hoy en día siguen consagrando sus vidas de lleno como respuesta al llamado a la santidad que Dios hace a la humanidad. Al consagrarse formalmente a Dios y a servir al pueblo de Dios, prometen públicamente vivir con intencionalidad los consejos evangélicos: pobreza, castidad y obediencia. Al aceptar vivir de esta manera, renuncian a otras maneras de responder al llamado a la santidad como es el caso de la vida matrimonial. Esto no significa que renuncian al amor. Al igual que los casados, optan por vivir el amor *ágape* dentro del matrimonio, los consagrados aceptan el desafío de vivir ese amor, a ser signos vivos del Reino de Dios y a vivir una relación de amor íntimo con Jesucristo en su propio estado.

La llamada a la vida consagrada es un don especial que Dios concede a algunos bautizados. Quienes escuchan esta llamada, han de entrar en un proceso de discernimiento en el cual deben descubrir cómo Dios pide que actualicen su entrega de amor. Toda familia cristiana y toda comunidad de fe tienen la obligación de apoyar dicho discernimiento, el cual es muy importante en la vida de la Iglesia.

En 1928, a la edad de dieciocho años, una joven católica albanesa respondió al llamado que Dios le hacía a consagrar su vida. La joven se unió al Instituto de la Bienaventurada Virgen María, también conocido como las Hermanas de Loreto, una congregación misionera extendida por todo el mundo. Al entrar en la congregación su mayor deseo era servir como instrumento para compartir el amor de Dios, especialmente con los más necesitados. En 1929 fue enviada a vivir en la India, en la ciudad de Calcuta. Allí trabajó como maestra en una escuela de su congregación por cerca de dos décadas. Durante estos años se dio cuenta de los sufrimientos de los más pobres y desvalidos a su alrededor, en una cultura estructurada de acuerdo con castas sociales. En dicho contexto, ser pobre era casi equivalente a ser nada. En 1946, después de discernir el siguiente paso en la vivencia de su amor consagrado, la religiosa descubrió lo que identificó como la "llamada dentro de la llamada". Dios la llamaba a servir a los más pobres de entre los pobres y a vivir con ellos. En una experiencia de oración mística Jesús le dijo: "Ven y sé mi luz". Para ella la respuesta no podría ser otra que un sí rotundo a pesar de la magnitud de la tarea que se le encomendaba. Esto implicó dejar la congregación religiosa a la que había pertenecido por tantos años y comenzar una nueva, la cual se llamaría "Misioneras de la Caridad". Después de procurar los permisos necesarios para hacer la transición, en 1948 adoptó la manera de vestir de los pobres con quienes vivió, el sari blanco con borde azul que la caracterizaría y comenzó a servir a los más necesitados: niños, ancianos, enfermos, personas abandonadas. Fortalecida con la Eucaristía diaria, el rezo del rosario y momentos profundos de oración, dedicó el resto de su vida a llevar el amor de Dios a los más desposeídos en Calcuta.

Pronto se le unieron otras mujeres y así la nueva congregación comenzó a crecer. Con los años el grupo se extendió por todo el mundo y poco a poco se afiliaron hermanos, sacerdotes, laicos comprometidos e incluso personas de otras tradiciones cristianas y religiosas. Todos ellos fueron inspirados por aquella mujer que amaba con amor divino y hacía posible que muchos experimentaran el amor de Dios como algo real. La labor de esta religiosa y su comunidad le merecieron la admiración y el apoyo de personas y organizaciones en todas partes del planeta. En 1979 recibió el premio Nobel de paz por su labor con los más pobres y por ser un signo de esperanza para la humanidad. Al momento de su muerte, en 1997, el mundo entero paró por un instante para honrar a aquella mujer sencilla y trabajadora, que dedicó su vida entera a servir a los más pobres y desvalidos. Pocos la conocieron por su nombre, Agnes Gonxha Bojaxhiu, pero el mundo sin lugar a duda sabía quién era la Madre Teresa de Calcuta.

En la memoria de quienes la conocieron y admiraron, quedó la satisfacción de haber estado ante una santa. En el año 2003 fue beatificada por el Papa Juan Pablo II. El Papa Benedicto XVI, en su primera encíclica sobre el amor en el año 2005, resaltó que la "beata Teresa de Calcuta es un ejemplo evidente de que el tiempo dedicado a Dios en la oración no sólo deja de ser un obstáculo para la eficacia y la dedicación al amor al prójimo, sino que es en realidad una fuente inagotable para ello".[33]

Se ha hablado mucho de su vida espiritual. Algunas de sus cartas y notas publicadas después de su muerte, indican que por varias décadas pasó por largos momentos de sequedad espiritual, en los cuales sentía que vivía en medio de una "oscuridad" profunda en la cual no parecía encontrar a Dios. Para quienes observaron su misión, quienes la conocieron de cerca y quienes recibieron su amor incondicional, es difícil imaginar que alguien cuya vida fue luz y fuego para los demás haya experimentado tales momentos de oscuridad. Sin embargo, ésta es la naturaleza de la relación con Dios y muchos místicos y santos de todos los tiempos también han experimentado algo similar. Nuestra seguridad se encuentra en el hecho de que, aun en los momentos de oscuridad, Dios nos sigue amando y sigue llamándonos a ser mediadores de su amor. La misión no acaba, los pobres no desaparecen, la sed de amor siempre sigue. La vida de la Madre Teresa fue una respuesta a la invitación del Señor, "Ven y sé mi luz". Si el Señor la había llamado a esta noble tarea, él mismo la iba a sostener con su amor aun en los momentos más oscuros.

Preguntas para la reflexión

- ***¿Qué le llamó la atención del testimonio de Jean Vanier?***
- ***¿Qué le llamó la atención del testimonio del Monseñor Oscar Romero?***
- ***¿Qué le llamó la atención del testimonio de la Madre Teresa de Calcuta?***

Prácticas de amor

La vida del cristiano ha de ser una expresión continua de amor: "*En esto reconocerán todos que son mis discípulos: en que se aman unos a otros*" (Jn 13:35). Nuestras palabras y nuestras acciones como discípulos del Señor han de reflejar no sólo la convicción del amor que tenemos por Dios y los demás desde nuestra libertad como seres humanos, sino también la presencia de Dios en nosotros gracias a la acción del Espíritu Santo. Ambas dimensiones son importantes para poder entender lo que significa ser signos de amor cristiano. Toda acción que refleje la presencia de Dios en la historia y conduzca a vivir de acuerdo con el Reino de Dios predicado por Jesucristo, ha de ser considerada una práctica de amor cristiano. La tradición cristiana ha identificado una serie de prácticas, materiales y espirituales, que nos recuerdan que los cristianos podemos –¡y debemos!– ser testigos del amor en la vida diaria:

> *Las obras de misericordia son acciones caritativas mediante las cuales socorremos a nuestro prójimo en sus necesidades corporales y espirituales. Instruir, aconsejar, consolar, confortar, son obras espirituales de misericordia, como también lo son perdonar y sufrir con paciencia. Las obras de misericordia corporales consisten especialmente en dar de comer al hambriento, dar techo a quien no lo tiene, vestir al desnudo, visitar a los enfermos y a los presos, enterrar a los muertos. Entre estas obras, la limosna hecha a los pobres es uno de los principales testimonios de la caridad fraterna; es también una práctica de justicia que agrada a Dios.*[34]

Contemplemos instancias específicas en las que algunas de estas prácticas cristianas se hacen vida.

La celebración eucarística

Cuando la Iglesia se reúne para celebrar la Eucaristía, expresa en plenitud su identidad: somos el Pueblo de Dios. En esta celebración entendemos lo que somos como comunidad de fe y nos encontramos de manera especial con Jesucristo, la razón de nuestra fe. La celebración eucarística es una oportunidad única para conmemorar uno de los actos de amor más hermosos que el Señor realizó con sus discípulos: "*Hagan esto en memoria mía*" (Lc 22:19). En la Eucaristía no sólo recordamos que el Señor se ha quedado con nosotros de manera real y verdadera bajo las apariencias del pan y del vino, sino que dicha presencia nos da vida nueva cada vez que nos acercamos a ella. Al celebrar la Eucaristía, gran milagro de amor, la comunidad cristiana es renovada con la presencia transformadora de Jesús, el Pan de Vida (cf. Jn 6:35).

La celebración eucarística es fuente de renovación y vida para la comunidad cristiana. Si amar es dar al otro aquello que sabemos que es bueno y que le perfeccionará, en la celebración de la Eucaristía recibimos de Dios los regalos más preciados que la comunidad cristiana puede recibir. Quienes llegamos a esta celebración, participamos de dos banquetes preparados para nuestro crecimiento y santificación. El primer banquete es el de la Palabra de Dios. En la celebración eucarística escuchamos pasajes tomados de las Sagradas Escrituras: aprendemos cómo Dios se reveló al Pueblo de Israel en el Antiguo Testamento, descubrimos cómo los primeros cristianos vivieron su fe, nos deleitamos con la sabiduría de los Salmos y escuchamos a Jesús en sus propias palabras cada vez que el Evangelio es proclamado. Durante la homilía o el sermón meditamos sobre el mensaje que acabamos de escuchar y abrimos nuestro corazón al poder transformador de las Escrituras. El segundo banquete es el de la Eucaristía. La comunidad ofrece los dones del pan y del vino, fruto del trabajo diario, y con ellos ofrecemos lo que somos: nuestras vidas, nuestras preocupaciones, nuestras esperanzas. La Iglesia ofrece una oración hermosa llamada "Plegaria Eucarística," la cual nos recuerda las maravillas del Plan de Salvación de Dios en el transcurrir de la historia. Por la acción del Espíritu Santo el pan y el vino que fueron ofrecidos se transforman en Cuerpo y Sangre del Señor, presencia sacramental y verdadera. La comunidad entonces da gracias a Dios por la grandeza de los dones recibidos y afirma su unidad por medio de la comunión. Guiados por el Espíritu Santo, nos dirigimos en oración a Dios con las palabras que el Señor mismo nos enseñó y nos deseamos mutuamente el don de la paz. Al recibir a Cristo Eucaristía, nos hacemos uno con él, entramos en comunión íntima con él y afirmamos que él es Señor de nuestras vidas. Tanto el banquete de la Palabra como el banquete de la Eucaristía son un encuentro personal y comunitario con Jesucristo en el cual experimentamos en plenitud el amor divino.

En la celebración eucarística el Señor sale a nuestro encuentro en señal de amor por nosotros invitándonos a compartir su vida y nosotros expresamos nuestro amor por él adorándole y recibiéndole. La celebración eucarística es una experiencia profunda de amor en la que somos transformados por la presencia misma del Señor. Esa experiencia de amor es al mismo tiempo modelo y fuente de nuestra vida como cristianos,[35] especialmente en el contexto de nuestras relaciones interpersonales. Así como Jesús nos ama con un amor de entrega, amor *ágape*, también nosotros estamos llamados a amar a los demás con el amor de Dios. Ya en la celebración eucarística comenzamos a experimentar esto. Cuando nos reunimos como Pueblo de Dios para celebrar el misterio eucarístico formamos una comunión de hijos e hijas de Dios en la cual las diferencias raciales, sociales, ideológicas o culturales pasan a un segundo plano, pues Cristo es quien nos une y en Cristo vemos al otro como nuestro hermano. La celebración eucarística es una escuela de amor en donde el Maestro nos enseña a amar amándonos y en donde nosotros aprendemos a amar amando y dejándonos amar.

Hospitalidad hacia el extranjero

El número de personas que se desplaza nacional e internacionalmente ha alcanzado cifras récord en las últimas décadas. Se estima que en los primeros años del siglo XXI cerca de 200 millones de personas en el mundo permanecieron "en movimiento" como migrantes a nivel internacional. Millones más se desplazaron internamente en todos los países, buscando trabajo o huyendo de condiciones inhumanas como la pobreza y los conflictos violentos. En los Estados Unidos, el crecimiento de la población en las últimas cinco décadas ha dependido en gran medida del número de inmigrantes de otros países, especialmente latinoamericanos y asiáticos, algo que no es nuevo para un país continuamente renovado por olas migratorias. En nuestros días la facilidad de transporte ha acelerado el ritmo migratorio en todas partes. Una familia puede cambiar de país y comenzar una nueva vida en cuestión de horas. Miles de personas se desplazan de un lugar a otro debido a las demandas de sus profesiones o a la búsqueda de mejores condiciones de vida.

La presencia de nuevas personas, ya sea en un contexto tan amplio como una ciudad o tan específico como una comunidad parroquial, presenta grandes desafíos. Por un lado, es un desafío para quien llega, pues su presencia como persona extranjera le exige adaptarse de la mejor manera a las nuevas circunstancias. Al llegar a un nuevo lugar, esta persona tiene que aprender a vivir entre las convicciones y prácticas que constituyen su propia identidad y las convicciones y prácticas que constituyen la identidad de quienes le rodean. Por otro lado, es un desafío para quienes reciben al extranjero. La persona extranjera trae sus propias perspectivas y sus propias maneras de entender la vida, incluyendo la manera de relacionarse con Dios. Esto significa que quienes ya están establecidos deben negociar el nivel de hospitalidad que quieren extender a quien llega y qué tanto están dispuestos a dejarse transformar por la presencia de la nueva persona. Desde una perspectiva de fe, ambos grupos de personas, las que llegan y las que ya están establecidas, se encuentran ante una oportunidad única para poner en práctica su identidad cristiana amando al otro como si fuera Cristo mismo.

Amar a la persona que ya conocemos es fácil. Mucho más fácil si esa persona se parece a nosotros, habla nuestra lengua y comparte nuestras convicciones. Cuando esa persona no se parece a nosotros, habla otra lengua y no siempre comparte nuestras convicciones, entonces es más difícil amarle. Es allí en donde se pone a prueba el sentido único del amor cristiano. En el encuentro con el extranjero tenemos una oportunidad ideal para actualizar el amor *ágape*. No se trata de amar al otro por compromiso o porque la Biblia lo dice o porque la Iglesia lo dice. Tampoco se trata de simple tolerancia. "Aceptar" por compromiso y "tolerar" se pueden hacer sin necesidad de tener fe. El reto y la invitación es a *amar* al extranjero, al "otro," porque en esa persona vemos el rostro de Cristo; en el extranjero Dios se hace presente y nos llama a recibirle (cf. Mt 25:35; Lc 10:25-37). Ya en el Antiguo Testamento se nos narra la historia de los tres visitantes que llegan a la casa de Abraham, visitantes a quienes la tradición judeocristiana ha reconocido como presencia de la divinidad (cf. Gn 18:1-15). Para el cristiano el extranjero es presencia de Dios.

El amor cristiano ante la presencia del que llamamos extranjero exige la práctica de la hospitalidad. Por medio de esta práctica, salimos de nuestro ensimismamiento para encontrar al otro en el camino, reconociendo que nuestros temores e incertidumbres son menos importantes que la riqueza que esta persona puede traer a nuestras vidas y nuestras comunidades. La hospitalidad como práctica cristiana exige vivir un amor de apertura, aceptación y sacrificio. Hospitalidad en el caso del extranjero es mucho más que "invitar" (o "des-invitar") a una persona pulsando un botón en una computadora, al estilo de las comunidades virtuales más populares de nuestro tiempo. La hospitalidad que se nos exige hoy en día, es un encuentro con aquella persona de carne y hueso que está frente a nosotros, a quien no podemos decir que no porque ya vive con nosotros, ya convive con nosotros, ya ora con nosotros y está con nosotros para quedarse.

Existen innumerables conversaciones politizadas en las que se demoniza al extranjero, especialmente si es inmigrante y pobre. Con frecuencia, quienes participan en estas conversaciones y las promueven usan apelativos negativos al igual que términos inhumanos y degradantes que niegan la humanidad de estas personas. Es más fácil hablar de un "......" (llene este espacio con uno de los términos peyorativos que se escuchan hoy en día), pues así no hay que pensar en un rostro o un nombre. Rara vez se habla de estas personas como mujeres y hombres que tienen una historia personal al igual que nosotros; pocas veces se habla de su fe (la gran mayoría de los inmigrantes latinoamericanos son católicos); casi nunca escuchamos hablar de sus familias, sus hijos, sus esperanzas; con frecuencia se juzga al todo por la parte generalizando las transgresiones de unos cuantos. Es en este contexto en el que los cristianos tenemos la obligación de ser testigos del amor *ágape*, que nos debe identificar practicando la hospitalidad.

En nuestros días es urgente que la Iglesia católica en los Estados Unidos practique la hospitalidad con convicción. La inmigración católica fue el motor de crecimiento de miles de comunidades en el siglo XIX y comienzos del siglo XX. Hoy en día la inmigración es el motor renovador del catolicismo en este país, y las comunidades parroquiales y diocesanas están siendo profundamente transformadas por dicha presencia. La fortaleza del catolicismo en los Estados Unidos en el siglo XXI dependerá, en gran parte, de la forma en que los católicos vivamos la hospitalidad con los inmigrantes católicos y sus hijos. Al mismo tiempo, los inmigrantes católicos tienen la obligación de conocer la historia de los católicos estadounidenses que han construido miles de comunidades de fe en este país a las cuales ellos se están integrando. A pesar de las disputas políticas e ideológicas sobre inmigración, los obispos católicos estadounidenses adelantan una campaña para crear conciencia de que el inmigrante ha de ser tratado con amor y respeto. La campaña se llama *Justicia para inmigrantes* (*Justice for Immigrants*, en inglés). Amar requiere sacrificio; amar auténticamente requiere sacrifico auténtico; amar al inmigrante con amor auténticamente cristiano requiere que permanezcamos abiertos a reconocer el rostro de Jesucristo en esta persona.

Cor Unum: un corazón

Desde los inicios, los cristianos se han caracterizado por su atención especial a quienes padecen necesidades a su alrededor. Cuenta la historia que, en el siglo III, un diácono llamado Lorenzo tuvo que enfrentar una situación dramática. El Papa Sixto II acababa de ser ejecutado y las autoridades romanas del momento exigieron a Lorenzo entregar los tesoros de la Iglesia. Lorenzo pidió tres días e inmediatamente se dedicó a distribuir todo lo que pudo entre los pobres. Al tercer día se presentó ante el prefecto romano con el tesoro de la Iglesia, un tesoro para él con más valor que las riquezas del imperio: los pobres, los ciegos, los que sufrían. Dicha acción le costaría la vida. La opción de Lorenzo se ha actualizado miles de veces durante la historia y sigue haciéndose realidad a nuestro alrededor. El gran tesoro de la comunidad cristiana sigue siendo la gente, especialmente las personas que, en medio de su vulnerabilidad, nos revelan de una manera especial el rostro del Señor (cf. Mt 25:31-46). Como cristianos tenemos la obligación de hacer todo lo posible para reducir el sufrimiento causado por la pobreza y la enfermedad. Mientras dichas realidades sigan siendo parte de nuestra experiencia humana, estamos llamados a hacer algo.

Uno de los flagelos más grandes que azota a nuestra humanidad sigue siendo el hambre. Irónicamente, cuando nos preciamos de tener la mayor cantidad de riqueza económica en la historia y la posibilidad de abolir el hambre en nuestro planeta con tan sólo una inversión mínima, todavía muchas personas a nuestro alrededor no tienen qué comer. Muchas de ellas mueren, literalmente, de hambre: cerca del 10 por ciento de la humanidad no tiene qué comer; 15 millones de niños mueren de hambre cada año en el mundo. En los Estados Unidos, el país más rico del mundo, el 15 por ciento de la población está en riesgo de padecer hambre, especialmente niños, ancianos e inmigrantes. En algunas partes del país, la pobreza y el hambre son más pronunciadas que en otras. Lawrence, MA, una de las ciudades más pobres de Nueva Inglaterra, es un ejemplo de esta triste realidad. Más de la mitad de los niños menores de 18 años en la ciudad son parte de familias que viven por debajo del nivel de pobreza (estimado en el año 2010 como un ingreso anual total de $22,050 para una familia de 4 personas); una tercera parte de la ciudad vive en la pobreza; el 27 por ciento de los ancianos son pobres. Para la mayoría de estas personas, "pobreza" significa "hambre". Para los feligreses de San Patricio, una parroquia católica culturalmente diversa en la ciudad, y para cientos de personas conocedoras de la situación, la creación del comedor público *Cor Unum Meal Center* en el año 2006 fue una manera concreta de responder a esta realidad. En Lawrence el comedor público *Cor Unum* sirve alimentos a cientos y cientos de personas todos los días del año, muchos de ellos niños. La filosofía del comedor es servir a todas las personas que llegan sin excepción alguna. Si una persona tiene hambre, es bienvenida en *Cor Unum* con su familia. En *Cor Unum* el compromiso es afirmar la dignidad humana de todo el que llega a comer. Las personas se sientan en mesas redondas, perfectamente limpias y decoradas, dándoles la oportunidad de conocer nuevas personas y tener una buena conversación. Un grupo de voluntarios llevan a la mesa la comida, que incluye postre. Todo el mundo recibe la mejor atención y el respeto que un ser humano se merece. Más de 500 voluntarios son parte de esta iniciativa, sólo una persona es contratada. Cualquier restaurante de alta categoría tendría mucho que envidiar a *Cor Unum*.

Cor Unum, dos palabras en latín que significan "un corazón," es una oportunidad por medio de la cual se practica el amor de Dios en medio de una circunstancia tan adversa como el hambre. Quienes vienen a comer, reciben el amor de mujeres y hombres que, sin esperar nada a cambio, reconocen el rostro de Jesucristo en sus hermanas y hermanos más necesitados. Al mismo tiempo, al ser tratados con respeto estas personas se hacen más conscientes de su valor y dignidad como hijos de Dios. Quienes ayudan como voluntarios, ven en su servicio una oportunidad para afirmar su fe tanto en Dios como en la humanidad. Al ver el rostro de un niño con hambre, se renueva el deseo de hacer algo para que no haya más niños en las mismas circunstancias. Esta experiencia ha sido una oportunidad para reavivar el compromiso de fe. Para los feligreses de la parroquia de San Patricio, el comedor público *Cor Unum* es un espacio para expresar y recibir el amor de Dios en el aquí y ahora de su realidad.

Sacramentos del servicio

Sabemos que el amor existe cuando lo experimentamos y lo practicamos. El encuentro de Dios en la historia pudiera describirse como una propuesta libre y gratuita de amor por medio de la cual Dios nos llama a ser signos de su vida entre nuestros hermanos y hermanas. El amor es un regalo y una vocación. Como regalo, lo experimentamos a diario en nuestra relación con Dios y con los demás. El amor es un regalo que nos realiza como seres humanos. Por ello, cuando falta el amor, reconocemos que nuestra existencia humana es incompleta. Como vocación, el amor es una llamada a hacer realidad la vida de Dios que ya existe en nosotros en todo lo que hacemos.

La tradición cristiana católica reconoce los sacramentos como momentos únicos por medio de los cuales participamos de la vida y del amor de Dios de manera extraordinaria. Con los sacramentos, especialmente los sacramentos de iniciación, recibimos la vocación a amar como discípulos del Señor. Aunque todos los bautizados recibimos esta vocación, por medio de los sacramentos del Orden Sacerdotal y el Matrimonio la práctica del amor cristiano se hace más específica.

Quienes reciben el sacramento del Orden Sacerdotal, participan de manera especial en la misión de Jesucristo a través del amor expresado en el servicio. Al escuchar el llamado de Dios a servir ministerialmente, estas personas aceptan la invitación a vivir en comunión íntima con aquel que las ha llamado y a ser signos de su amor en medio de las comunidades en donde se encuentran. La tradición cristiana es clara en insistir que lo que caracteriza a quienes reciben las órdenes sagradas es la vivencia del amor en el servicio. Las responsabilidades asociadas a la vida ministerial, tales como el ejercicio de la autoridad y el liderazgo en nombre de la Iglesia, sólo tienen sentido si son expresión del servicio amoroso siguiendo el ejemplo del maestro: "*El más grande entre ustedes se hará el servidor de todos*" (Mt 23:11). La Iglesia necesita de discípulos cristianos que estén dispuestos a vivir su identidad bautismal como ministros ordenados. Nuestras comunidades tienen la responsabilidad de promover y apoyar el discernimiento de este llamado, especialmente entre los jóvenes. Al mismo tiempo, quienes ya viven la experiencia del sacerdocio ministerial tienen como obligación ser testigos auténticos del amor de Dios a través de su servicio.

El matrimonio cristiano actualiza de manera especial la presencia del amor de Dios en la vida diaria. Es en la familia, unida y fortalecida por el sacramento, en donde primero se vive la experiencia del amor como servicio. Los esposos expresan su amor cristiano sirviéndose mutuamente y respondiendo a las necesidades que cada uno tiene. Los padres de familia expresan su amor cristiano en el servicio y el cuidado que proveen a sus hijos. Los hijos expresan su amor cristiano en el respeto hacia sus padres y el cariño por sus hermanos y hermanas. La familia completa expresa su amor cristiano al ser discípulos auténticos de Jesucristo en la comunidad de fe y en el resto de la sociedad. La vivencia del amor de Dios en la experiencia diaria de la familia cristiana nos permite hablar de esta pequeña comunidad como *iglesia doméstica*: "comunidad de gracia y de oración, escuela de virtudes humanas y de caridad cristiana".[36] El sacramento del Matrimonio abre a la familia a la presencia continua de Dios y le concede la gracia necesaria para vivir el amor *ágape* en las distintas relaciones familiares.

Los cristianos que han sido llamados a servir a Dios y a sus hermanos a través del sacerdocio ministerial y quienes lo hacen en el contexto de la vida matrimonial son sin duda alguna ministros del amor de Dios. Su apertura a la acción de Dios en sus vidas y el deseo de ser testigos de la presencia amorosa de Dios en los contextos en donde viven, hacen posible que el Reino de Dios sea una realidad para muchos. El compromiso de todos los cristianos, que aceptan vivir la caridad cristiana y que confirman su vocación particular a través de los sacramentos del servicio, construye la Iglesia. La Iglesia habla al mundo como una comunidad de amor sostenida por el amor redentor de Cristo y el testimonio de aquellos que viven dicho amor en lo cotidiano.

Preguntas para la reflexión

- *¿Qué impacto tiene en su vida celebrar la Eucaristía?*
- *¿Quién a su alrededor necesita de su hospitalidad?*
- *¿Qué cree que puede hacer usted para ayudar a combatir el hambre en su comunidad?*
- *¿Cómo expresa usted el amor cristiano dentro de la vocación al servicio a la cual Dios le ha llamado? Ofrezca algunos ejemplos específicos.*

CONCLUSIÓN

Sabemos que el amor es verdadero cuando lo experimentamos. Sabemos que el amor es esencial para nuestras vidas cuando descubrimos el deseo profundo de amar y ser amados. Por ello Dios se ha revelado a la humanidad como amor. Dios no sólo comparte su amor llamándonos a la vida, sino que nos llama a compartir la suya por medio de Jesucristo. Para el cristiano no hay mayor prueba de amor que el misterio infinito de Cristo. Los cristianos estamos llamados a ser sacramentos del amor del amor de Dios en todo momento. Nuestro mundo necesita con urgencia de mujeres y hombres que sean signos del amor de Dios, especialmente ante los más pobres y necesitados. El amor *ágape*, amor que viene de Dios y conduce a Dios, es nuestra aportación a la construcción de un mundo mejor.

Referencias bibliográficas y notas

Nota del autor. Los siguientes son algunos libros y recursos que han servido de inspiración para ilustrar partes de esta reflexión. Otros han servido como fuente de información. Propongo la siguiente lista para las personas que estén interesadas en seguir explorando algunas de las ideas desarrolladas en este libro. Las traducciones de textos originalmente en otros idiomas son mías. Todas las citas de las Sagradas Escrituras son tomadas de *La Biblia Latinoamérica*.

Asociación Pro-Búsqueda de Niñas y Niños Desaparecidos, *El día más esperado: buscando a los niños desaparecidos de El Salvador.* San Salvador: UCA Editores, 2001.

Benedicto XVI. *Deus Caritas Est,* carta encíclica sobre el amor cristiano, 2005. Disponible en línea en www.vatican.va

Benedicto XVI. *Spe Salvi,* carta encíclica sobre la esperanza cristiana, 2007. Disponible en línea en www.vatican.va

Catecismo de la Iglesia Católica. Disponible en línea en www.vatican.va

Concilio Vaticano II (Documentos). Disponibles en línea en www.vatican.va

Day, Dorothy, *La larga soledad: autobiografía.* Santander, España: Sal Terrae, 2000.

Elizondo, Virgilio. *Guadalupe, Madre de la nueva creación.* Navarra, España: Verbo Divino, 1999.

Jenkins, Willis y Jennifer M. McBride, eds., *Bonhoeffer and King: Their Legacies and Import for Christian Social Thought.* Minneapolis, MN: Fortress Press, 2010.

Kolodiejchuk, Brian, ed., *Ven, sé mi luz: las cartas privadas de "la santa de Calcuta".* Barcelona, España: Planeta, 2008.

National Conference of Catholic Bishops, *Justicia económica para todos: carta pastoral sobre la enseñanza social católica y la economía de los E.U.A.* Washington, DC: USCC, 1987 (publicada en inglés en 1986).

Nickoloff, James, ed., *Gustavo Gutiérrez: Essential Writings.* Minneapolis, MN: Fortress Press, 1996.

Pontificio Consejo para la Justicia y la Paz, *Compendio de la Doctrina Social de la Iglesia.* Ciudad del Vaticano: Libreria Editrice Vaticana, 2004. Disponible en línea en www.vatican.va

Rahner, Karl, *The Practice of Faith: A Handbook of Contemporary Spirituality.* Editado por Karl Lehmann y Albert Raffelt. New York, NY: Crossroad, 1986.

Vanier, Jean, *Essential Writings.* Selección e introducción de Carolyn Whitney-Brown. Modern Spiritual Masters Series. Maryknoll, NY: Orbis Books, 2008.

Weigel, George, *Biografía de Juan Pablo II. Testigo de esperanza.* Barcelona, España: Plaza & Janés, 1999.

Write, Scott, *Oscar Romero and the Communion of the Saints.* Maryknoll, NY: Orbis Books, 2009.

NOTAS

Capítulo 1: *Y ustedes, ¿quién dicen que soy yo?*

1 Cf. *Concilio Vaticano II, Nostra Aetate* (Declaración sobre las relaciones de la Iglesia con las religiones no cristianas), n. 2.
2 *Catecismo de la Iglesia Católica*, n. 26.
3 Ibid., n. 234.
4 Cf. *Concilio Vaticano II, Dei Verbum* (Constitución dogmática sobre la Divina Revelación), n 6.
5 *Catecismo de la Iglesia Católica*, n. 751.
6 Concilio Vaticano II, *Dignitatis Humanae* (Declaración sobre la libertad religiosa), n. 2.
7 Concilio Vaticano II, *Gaudium et Spes* (Constitución pastoral sobre la Iglesia en el mundo actual), n. 1.
8 Cf. *Dei Verbum*, n. 9.
9 *Catecismo de la Iglesia Católica*, n. 824.
10 Ibid., n. 948.

Capítulo 2: ¿Por qué dudaste?

11 Ibid., n. 824.
12 La versión del texto en la Biblia Latinoamericana usa la palabra "vacilado". En el presente texto he preferido usar el sinónimo "dudado," con el propósito de ser consistente con el lenguaje usado en esta sección.
13 *Catecismo de la Iglesia Católica*, n. 1817.
14 San Agustín, *Confesiones*. Bogotá, Colombia: Ediciones Paulinas, 1991, libro 1, n. 1.
15 Benedicto XVI, *Spe Salvi*, n. 7.
16 Ibid., n. 32.
17 Ibid., n. 35.
18 Ibid., n. 35.
19 Ibid., n. 38.
20 Ibid., n. 38.
21 Cf. Ibid., n. 38.
22 Ibid., n. 39.
23 San Juan de la Cruz, *Obras Completas*. Edición crítica preparada por Lucinio Ruano de la Iglesia. Madrid, España: BAC, 2005, 157.
24 *Spe Salvi*, n. 47.
25 Ibid., n. 34.
26 National Conference of Catholic Bishops, *Justicia económica para todos*, introducción, n. 13.
27 Ibid., n. 55.

Capítulo 3: *¿Me amas?*

28 Benedicto XVI, *Deus Caritas Est*, n. 31a.
29 Ibid., n. 31b.
30 *Regla de San Francisco*, año 1221, cap. XVII.
31 *The Poor at the Heart of L'Arche*, p. 16. Citado en Jean Vanier, *Essential Writings*, selección e introducción de Carolyn Whitney-Brown. Modern Spiritual Masters Series. Maryknoll, NY: Orbis Books, 2008, 103.
32 The Scandal of Service: Jesus Washes Our Feet, p. 5. Citado en Jean Vanier, *Essential Writings*, 104.
33 *Deus Caritas Est*, n. 36.
34 *Catecismo de la Iglesia Católica*, n. 2447.
35 Cf. Ibid., n. 1324.
36 Ibid., n. 1666.